我们一起解决问题

现代市场分析与策划

崔 博 主编

人民邮电出版社
北　京

图书在版编目（CIP）数据

现代市场分析与策划 / 崔博主编. -- 北京 ：人民
邮电出版社，2024.1
ISBN 978-7-115-63221-0

Ⅰ. ①现… Ⅱ. ①崔… Ⅲ. ①市场分析－高等学校－
教材②市场营销－营销策略－高等学校－教材 Ⅳ.
①F713.52②F713.50

中国国家版本馆CIP数据核字(2023)第234480号

内 容 提 要

在当今竞争激烈的商业环境中，了解市场并制定有效的营销策略是企业成功的关键。

本书不仅提供了深入的市场分析理论，还提供了一系列实用的策划技巧，并强调只有深入了解市场，才能制定出符合市场需求的产品和服务。书中通过大量的实例和数据，展示了如何进行市场环境分析、市场调研与分析、目标市场选择、产品营销方案设计与策划、新媒体营销策划等，从而帮助企业在市场中保持竞争力。

本书既适合市场营销人员、企业管理者阅读，也可作为高等院校市场营销及财经、工商管理、电子商务等相关专业的教材。

◆ 主　编　崔　博
　　责任编辑　程珍珍
　　责任印制　彭志环

◆ 人民邮电出版社出版发行　　　　北京市丰台区成寿寺路 11 号
　　邮编 100164　电子邮件 315@ptpress.com.cn
　　网址 https://www.ptpress.com.cn
　　北京虎彩文化传播有限公司印刷

◆ 开本：700×1000　1/16
　　印张：14　　　　　　　　　　　　2024 年 1 月第 1 版
　　字数：260 千字　　　　　　　　　2025 年 11 月北京第 9 次印刷

定　价：59.00 元

读者服务热线：（010）81055656　印装质量热线：（010）81055316
反盗版热线：（010）81055315

前 言

　　随着市场经济的不断发展，营销知识的更新速度与书籍出版的步伐始终难以同步。传统的营销知识已经无法满足新的市场需求，企业需要对其不断进行调整和更新，以迎合市场的发展。在实际工作中，许多市场营销从业者在依靠传统市场营销知识来应对瞬息万变的经济形势时，往往感到束手无策，因为他们发现营销学知识与实际操作之间存在一定的差距。因此，如何应用知识指导企业的建设与发展，并构建一个基本的企业发展战略框架，对于从事营销活动的经营者或者管理者来说，均具有重大意义。

　　本书所倡导的是通过市场环境的分析来满足消费者的需求，这与一般的营销学教材有一定区别。大多数营销学书籍将4P's理论作为主要内容进行深入分析和介绍。然而，在编者看来，真正的市场营销应该围绕消费者需求进行市场分析，并在此基础上制定产品营销方案。因此，从环境角度进行市场分析和策划有利于企业的战略规划，避免过于简单和短视地关注产品本身及营销方案设计。

　　本书将企业管理、市场调研、营销规划、产品设计等不同学科知识融合起来，旨在加强读者对市场分析与策划专业知识的理解与运用，引导其掌握市场分析与策划的方法和技巧。同时本书在深入系统地调查与研究的基础上，分析市场、找到营销的机会并制定相应的营销策略，以提升读者对市场进行分析策划的能力，从而将理论与实践有效结合。另外，书中所介绍的营销学知识主要以美国营销学家菲利普·科特勒（Philip Kotler）著

1

作的《营销管理》、罗杰·凯林等人著作的《市场营销原理》为依据。

　　本书在写作过程中参考了诸多学界、业界前辈和同行的文献，借鉴了他们的观点、数据、图表，虽然在文中用脚注的形式尽可能地进行了文献著录，但仍不能全面展现他们的劳动成果的价值，在此谨表谢意。

　　本书内容是南京航空航天大学经济与管理学院和南京掌控网络科技有限公司"校企合作"的最新研究成果之一。本书由崔博主编，负责全书结构搭建并纂写定稿。此外，南京航空航天大学经济与管理学院的王群伟、谭清美、刘益平、查冬兰、王子龙等多位老师在百忙之中对本书的编写给予了帮助与支持。王长波及胡秀蓉老师、南京掌控网络科技有限公司的刘国俭等人参与了本书的编写工作。周义苗、何健、胡晓桐、肖翔、赵正金、许晓晓同学为本书的编写提供了很多帮助，在此一并表示最诚挚的感谢！

　　鉴于作者水平有限，书中难免存在不妥之处，恳请广大读者批评指正！

目 录

第一章　从市场营销到市场分析与策划

第二章　企业的行业选择

第五章　目标市场的选择

第六章　产品营销方案的设计与策划

第七章 新媒体营销策划

第一章

从市场营销到市场分析与策划

导读

什么是市场?

市场在哪里?

如何更好地适应市场?

在市场营销领域,这三个问题被称为经典的市场三问,也是每一个关注市场和市场营销的学者、企业经营者、产品设计师、市场营销人员、学生等所关心的问题。

伴随着市场经济的发展尤其是电子商务、物流服务的变革,市场的类型已呈现多元化特征。在日常生活中,消费者经常光顾的市场有超市、百货商场、菜市场、农村集市等实体市场,同时也有各种类型的互联网交易平台,如网上商城、直播间等。这些线下和线上渠道为消费者提供了更加便捷的服务和多样化的产品。

随着社会生产力的提高,以及人们消费水平的提升,我国社会消费品零售总额持续增长。2014—2019年,我国社会消费品零售总额呈持续增长趋势,但增速呈波动下降态势。值得注意的是,随着移动互联网和物流服务的持续发展,线上购物已成为人们日常生活中必不可少的部分。我国线上消费品零售额也实现了持续增长。

如何打通线上线下零售场景是未来消费品零售领域面临的机会和挑战。

学习目标

➤ 了解市场、市场营销、市场分析与策划的概念、特征。

➤ 掌握现代社会市场和市场营销发生的变化。

第一节　市场、市场营销、市场分析与策划的概念

一、市场

一般来说，市场这一概念包括四个层次。第一，市场是商品交换的场所和领域，即买卖双方发生交易关系的地点或地区，如集市、交易所、商场等。这是狭义的市场概念。第二，市场是消费者某种潜在需求的总体，由购买者、购买力和购买欲望三个要素组成。购买者是市场三要素中最基本的要素，购买力是构成现实市场的物质基础，购买欲望是购买力实现的条件。第三，市场是买方和卖方力量的结合，是商品供求双方力量相互作用的总和。这一含义是从商品供求关系的角度提出来的。它间接揭示了市场具有实现资源配置的功能。第四，市场是商品交换关系的总和，是不同商品生产者之间经济关系的体现。它反映了社会生产和社会需要之间、商品供给和有支付能力的需求之间、生产者和消费者之间、买者和卖者之间，以及国民经济各部门和社会各种组织之间的经济联系。

3

市场不是从来就有的，它是商品交换的产物，是随着社会分工的出现而逐渐形成的。在早期的人类社会中，由于生产力十分低下，人们没有多余的产品用来交换，交换的发生只是偶然的、暂时的。在这一时期，真正意义上的市场并不存在。后来，社会生产力不断提高，社会分工开始出现，进一步促进了生产力的发展。此时，人们有了多余的产品可以用于交换，而且社会上开始出现专门为交换而从事生产的个人和组织，同时出现了集中进行交换的场所，逐步形成了交换规则和交换方式，真正意义上的市场开始产生了。随着社会生产力的进一步发展，市场的规模越来越大，体系越来越完整，内容越来越丰富，制度越来越完善。到了现代社会，市场已经成为整个经济运行的中心。市场规律和市场机制的作用及影响已经渗透到生产和生活的各个领域。

市场本身蕴含的客观规律和运行机制是不以人的意志为转移的。从不同的角度出发，市场有不同的分类方法。从市场客体的角度分，市场可以分为有形产品市场和无形产品市场；从产品用途的角度分，市场可以分为生产资料市场和生活资料市场；从生产买卖双方的力量对比角度分，市场可以分为买方市场和卖方市场；从交易方式的角度分，市场可以分为批发市场和零售市场。另外，市场还有其他的一些专门的分类，如金融市场、人才市场、技术市场、旅游市场等。

市场功能是指市场所具有的客观的职能和作用，这些职能和作用是通过市场机制的正常运转而发挥出来的，它对社会经济的发展有着重要影响。在不同的制度条件下，市场功能的性质和范围有着较大的差异。总体上看，任何市场都具备以下几种基本功能。（1）市场具有经济结合功能，即市场可以实现不同商品生产者之间的经济联系和经济结合，可以将供给和需求结合起来。这是市场的基本功能。（2）市场具有引导功能，具体包括两方面的内容：一是引导生产者的生产行为，即每一个商品生产者生产什么产品、每种产品生产多少，以及何时生产，都要以反映社会消费需要的市场需求为导向；二是引导消费者的消费行为，即消费者的消费心理、消费趋势及消费方式都可以在市场的作用下改变。（3）市场具有调节功能，即生产和消费在时间上、空间上、数量上及结构上是不统一的，市场可以对这些矛盾进行调节，使它们统一起来。（4）市场具有施加风险和压力功能，即市场环境及条件的变化要求市场上的参与者都能承担一定的风险，从而促使各个参与者努力提高效率，以避免被淘汰，进而推动整个市场的运行效率迅速提高。（5）市场具有资源配置功能，即市场可以通过对劳动成本和劳动收益的比较，将社会生产资源（资本、人力和自然资源）配置到收益最高的行业或企业中。市场要实现最优的资源配置，必须以公平、合理、严格的社会制度作为保障。

从经济理论的角度出发，市场的基本构成要素包括以下三个方面的内容。（1）商品。商品是市场上交易的对象，其使用价值可以满足消费者的需要，而其所实现的价值则可以满足生产者的利益需求。（2）货币。货币是推动市场流通的主要工具。在货币出现之前，真正意义上的市场并不存在，而货币出现以后，商品交换过程大大加快，商品流通效率大大提高。（3）需求。需求是市场流通的动力，如果没有需求，仅靠商品和货币是无法使市场正常运转的。可以说，商品和货币是市场的基础要素，而需求则是市场的动力要素。

从市场营销的角度出发，市场构成要素包括以下三个方面的内容。（1）市场主体，即市场活动的参与者，他们通常具有一定的经济目标并力求通过市场活动来实现这一目标。一般来讲，市场主体包括生产者、消费者和经营者。市场主体的特点如下。一是主动性，即市场主体具有自主意愿，能够根据自身意愿主动采取行动。二是目的性，即市场主体参与市场活动都有一定的目的，但不同市场主体的目的可能会有所不同，如生产企业的主要目的是实现商品价值，而消费者的主要目的是满足自己的需要。三是引导性，即市场主体的行为在某些因素的作用下可以被引导。这一特性为现代企业市场营销的开展奠定了基础。（2）市场客体，即市场交易的对象。市场客体既可以是有形的商品实物，也可以是无形的劳务或服务。市场客体是市场交换过程中的价值载体，是联系买方和卖方的纽带。（3）市场交易规则和市场交易条件。市场交易规则是对买卖双方在交易过程中权利和义务的规定。它是确保市场活动正常进行的基础。市场交易条件是指买卖双方对完成交易所形成的一致看法，如价格、付款期限、交货时间等。它是买卖双方进行交易的基础。

市场竞争包括卖主和买主之间的竞争、买主和买主之间的竞争、卖主和卖主之间的竞争。企业主要关注的是卖主和卖主之间的竞争，即不同利益的竞争主体——企业，在市场上针对某一共同的竞争对象如市场地位、目标、顾客等进行的竞争。企业的市场竞争策略主要包括创新策略、优质策略、价廉策略、服务策略、快速策略、宣传策略等。

二、市场营销

市场营销是指在不断变化的市场环境中，通过一系列商务活动来满足消费需求并实现企业目标的过程。这些活动包括市场调研、目标市场选择、产品开发、产品定价、渠道选择、产品促销、产品储存和运输、产品销售、提供服务等与市场相关的企业业务经营活动。市场营销的全过程可以被视为商品交换的过程。市场营销是现代社会的产物，它是在人类社会进入社会化大生产时代之后才逐渐形成的。随着社会产品的相对丰富和整个市场向买方市场的转型，市场营销观念的演变经历了生产观念、产品观念、推销观念、市场营销观念和社会市场营销观念五个阶段。

在现代社会中，市场营销的重要性日益凸显。市场营销活动不仅包括企业在流通领域内所进行的活动，还包括生产过程的产前活动和流通过程结束后的售后活动。它以顾客为全过程的起点和终点。企业市场营销的核心内容是市场营销组合，即 4P's 组合：产品（Product）、价格（Price）、渠道或称分销渠道（Place）、促销（Promotion）。由于这四个英文单词的首字母都是 P，再加上策略（Strategy），所以简称 4P's。4P's 组合基本概括了市场营销的全部内容。不过，随着社会经济及市场营销理论的发展，也有人提出了 6P's 组合，即在 4P's 组合的基础上，再加上公共关系（Public Relations）和政治权利（Political Power）。

目前，在西方国家，市场营销的应用已经超出了经济活动的范畴。政治、法律、文化等领域的很多组织和团体在相关活动中都应用了市场营销的基本原理。因此，市场营销被赋予了一个最一般的定义，即任何以营利或非营利为中心的企业或组织适应不断变化的环境，以及对变化的环境做出反应的动态过程。

市场营销目标是指在一定时期内，企业通过一定的市场营销活动所要实现的一系列具体目标的总称。市场营销目标应当明确可靠、重点突出，并符合以下要求。（1）时限性，即目标的实现要有一定的时间限制，没有时限的目标是毫无意义的。（2）数量化，即目标应该以数量来表示，以便对目标进行把握和检查。（3）可靠性，即目标要切实可行，要与企业的资源条件和市场环境相适应。过高或过低的目标要求都是对企业资源的浪费。（4）协调性，即市场营销目标要与企业目标和企业发展战略保持一致。（5）社会一致性，即企业的市场营销目标应有益于增进社会整体利益，与社会发展目标相协调。市场营销目标的种类有很多，概括来讲，可以归纳为以下几种：提高产品销售额、提高产品销售增长率、拓展新市场、提高市场占有率、增加企业利润、提高投资收益率、提高产品质量、开发新产品、降低生产成本、提高劳动生产率、降低流通费用、降低经营管理成本、塑造企业形象。

三、市场分析与策划

市场分析与策划是企业或其他组织在市场营销行为的基础上，以满足消费者需求为核心所进行的一系列营销活动。

市场分析的对象是市场环境。所谓市场环境分析，是指对影响和制约企业营销活动的各种外部因素进行综合考量。它主要由两方面因素构成：一方面是指那些构成市场营销活动前提和背景的间接宏观环境因素，包括人口、经济、自然、科技、法律、社会文化等因素，这些因素是企业无法控制的，既可能为企业的营销活动提供机遇，也可能对企业造成威胁；另一方面是指直接影响企业营销活动的微观环境因素，包括供应商、营销中介、顾客、竞争者、社会公众等。一般来说，微观环境因素受制于宏观环境因素，但它同时也以更为直接的方式制约着企业的生产经营活动，并受企业营销活动的影响。

市场策划是在充分了解市场环境的基础上，运用信息资料和可靠的数据，对产品目标市场的现状和发展趋势进行市场分析，并对企业的重点产品定位、目标市场定位、竞争性定位及实现企业获利目标做出完整合理的战略性决策。

市场策划的特点如下。

（1）目的性。市场策划是围绕企业市场目标及营销绩效所开展的策划活动。

（2）预见性。市场策划是在充分思考与调查的基础上，对营销活动预先制定的系统的、具体的可行性方案。

（3）不确定性。虽然市场策划建立在充分的调查研究的基础上，但是由于企业所处环境在不停地变化，导致计划存在一定的风险。

（4）系统性。市场策划必须遵循经济规律与自然规律，并系统地综合运用多种营销手段。

（5）创造性。市场策划是人类智慧的结晶，是一种思维的革新。市场策划的创造性主要体现在敏锐的洞察力、不断的创造力、活跃的灵感力、创新的想象力与积极的挑战力等方面。

（6）可调适性。市场策划须具有弹性，能够根据不同情况进行调整。

（7）动态性。市场策划的过程是企业可控因素与环境的不可控因素之间的动态平衡过程。

第二节 市场营销学的发展历程

市场分析与策划和市场营销相辅相成，市场分析与策划理论的发展史即市场营销学的发展历史。市场营销学作为一门系统研究市场营销活动规律的学科，可以帮助消费者在购买某种产品或劳务时使买卖双方的利益都得到满足，帮助企业了解消费者未被满足的需要和欲望，估量和确定这种潜在需求量的大小，选择和确定企业最合理的目标市场，并确定合适的产品、服务和行动计划（或方案），以便为目标市场服务。

市场营销起源于 20 世纪初期的美国。近百年来，随着社会经济的发展，市场营销从内涵到外延都发生了革命性的变化，从传统市场营销演变到了现代市场营销，其应用也从营利组织扩展到非营利组织。如今，市场营销学已成为与企业管理学、经济学、行为科学、人类学、数学等学科相关联的应用性学科。市场营销的产生与发展同西方市场经济的发展和企业经营理念的不断演进有着密切的联系。市场营销学的发展大致可以分为以下几个阶段。

一、起源阶段（19 世纪末至 20 世纪 20 年代）

起源阶段即自由资本主义向垄断资本主义过渡时期，伴随着资本主义商品经济的发展，资本主义基本矛盾日益尖锐化。

从 1825 年英国爆发第一次全国性经济危机开始，资本主义国家每隔一定时间就会爆发一次经济危机。在经济危机期间，商品严重滞销，资本主义企业不得不开始关注产品的销路问题。如同"魔鬼"一般的市场，迫使资本家千方百计地去探索和研究营销活动的规律。19 世纪末 20 世纪初，继英国完成产业革命之后，一些主要的资本主义国家先后完成了产业革命。同时，由于生产和资本的高度集中及庞大的垄断组织的建立，大型企业内部变得更加有组织、有计划，从而也有可能运用现代化的调查研究方法（包括信息系统）预测市场变动，制订有效的生产计划和销售计划，控制和调节市场。

当然，这绝不意味着资本主义有可能在全社会范围内有计划地组织生产和流通，因为资本主义私有制不仅从未改变，反而越发加强了。在这种客观需要与可能的条件下，市场营销学作为一门独立的经营管理学科诞生了。

早在 19 世纪，美国学者已经发表和出版了一些分别论述推销、广告、定价、产品设计、市场营销品牌、包装业务、实体分配等的论著，但是，一直到 20 世纪初期，美国一些学者才将上述问题综合起来，构建了一门市场营销学。在美国市场营销界，对市场营销理论做出杰出贡献的爱德华·D. 琼斯、西蒙·李特曼、乔治·M. 费斯克和詹姆斯·E. 海杰蒂，于 1902—1905 年分别在密歇根州、加利福尼亚州、伊利诺伊州和俄亥俄州的大学开设了市场营销课程。1910 年，拉尔夫·S. 巴特勒在威斯康星大学任教，出版了《市场营销方法》一书，后更名为《市场营销》，他在书中首次使用了 "marketing" 一词。1918 年，弗里德·E. 克拉克编写了 "市场营销原理" 讲义，被美国西北大学、密歇根大学和明尼苏达大学用作教材，并于 1922 年出版。邓肯于 1920 年出版了《市场营销问题与方法》。当时，市场营销的内容仍局限于流通领域的广告推销，真正的现代市场营销原理和概念尚未形成，营销理论也不够成熟。例如，拉尔夫·S. 巴特勒认为，市场营销应该被定义为生产的一个组成部分。然而，将商业活动从生产活动中分离出来进行专门的研究无疑是一项创举。

到 20 世纪 20 年代，已有若干关于市场营销的教科书问世，并初步建立了该学科的理论体系，引起了广泛的关注。这些教科书由知名大学的教授编写，他对市场营销领域内的每一个专题都进行了调查，形成了许多新的市场销售观念。此时，随着市场研究的发展，关于市场营销的资料越来越多。这些资料被收集、整理并出版，因而能帮助商业人员及农民解决许多市场问题，并向学习市场营销的学生有力地证明了其研究的价值。此后，美国相关部门连续、系统地进行商业调查及市场调查，使市场研究建立在大量调查的基础上，并有充分的数据资料支持。

在这一阶段，市场营销的主要特点如下：（1）研究内容具有较大的实用性，主要涉及商品销售实务方面的问题；（2）研究领域局限在流通领域，理论上尚未形成完整的体系，真正的市场观念还没有形成；（3）研究活动主要局限于大学课堂和研讨会，还没有得到社会的广泛重视。

二、发展阶段（20 世纪 30 年代至第二次世界大战结束）

1929—1933 年，全球首次遭遇了严重的经济危机，对整个资本主义世界产生了深远的影响。生产过剩和产品滞销的问题直接威胁到了许多企业的生存。从 20 世纪 30 年代开始，主要西方国家的市场明显呈现出供过于求的局面。在这种情况下，企业界关心的首要问题已经从扩大生产和降低成本转变为如何将产品销售出去。为了争夺市场、解决产品销售问题，企业家开始重视市场调查，提出了"创造需求"的口号，并在实际操作中积累了丰富的经验。与此同时，关于市场营销的研究大规模展开。一些知名大学的教授纷纷将市场营销研究拓展到众多领域，他们通过大量的调查和研究，形成了许多新的理论。例如，弗莱德·克拉克和韦尔法在《农产品市场销售》一书中，将农产品市场销售系统划分为集中（收购）、平衡（调节供求）和分散（化整为零销售）三个相互关联的过程，并对营销者在其中执行的七种市场营销职能：集中、储存、融资、承担风险、标准化、销售和运输进行了详细的研究。拉尔夫·亚历山大等学者在《市场销售》一书中强调，市场营销的商品化职能包含适应顾客需求的过程，并将销售定义为"帮助或说服潜在顾客购买商品或服务的过程"。

作为市场营销的发源地，美国在 1915 年正式成立了全美广告协会（NATM）。随后，在 1926 年，该协会更名为全美市场营销和广告学教师协会，1931 年又成立了专门讲授和研究市场营销的美国市场营销协会（AMS），1937 年上述两个组织合并成立美国市场营销协会（AMA），并在全美设立几十个分会。这些组织的成立使市场营销的理论知识与实践相结合，营销原理被用于指导实践，营销实践经验的总结又丰富了营销理论，这既展示了市场营销的实践性、应用性特点，又促进了市场营销的发展。

在这一时期，市场营销的主要特点概括为：市场营销理论开始受到企业界的重视；企业虽然引进了市场营销理论，但是所研究的内容仍局限于流通领域；研究重点主要放在广告和推销技术等推销实务与技巧上；研究思路主要集中在推销产品这一狭窄领域。

三、变革阶段（20 世纪 50 年代初至 20 世纪 80 年代）

20 世纪 50 年代至 20 世纪 80 年代为市场营销的变革阶段，传统市场营销逐渐转变为现代市场营销。第二次世界大战后，各国将大量的军事工业转向民用，战后经济的恢复和科学技术的深入发展极大地促进了各国劳动生产率的提高，商品供应数量空前增加，新产品、新品种不断涌现，市场竞争更加激烈。同时，西方各国汲取了 20 世纪 30 年代经济危机的教训，推行了一系列高工资、高消费和高福利的社会经济政策，以刺激和提高居民的购买力，使消费者对商品的购买选择性日益增强，买方市场形成，市场竞争进一步升级。原有的市场营销理论和实务已经无法满足企业市场营销活动的需求，所以形成了"以消费者为中心"的现代市场营销观念。

1960 年，美国密歇根大学教授杰罗姆·麦卡锡著作的《市场营销学基础》出版，标志着市场营销开始形成了自己的核心理论体系。1967 年，菲利普·科特勒著作的《营销管理——分析、计划、执行与控制》一书出版，这是一本具有世界影响力的营销学教材。此时，美国市场营销专家 W·艾德尔森与 R·考克斯提出："广义的市场营销是促进生产者与消费者进行潜在商品或劳务交易的任何活动。"此观点引领着市场营销进入了一个全新的阶段。在过去，人们普遍认为市场是生产过程的终点，而现在，市场被认为是生产过程的起点。过去市场营销被简单地定义为推销产品，而现在，市场营销被视为通过调查、了解消费者的需求和欲望，生产符合消费者需求和欲望的商品或服务，从而满足消费者的需求和欲望。这种转变使市场营销不再局限于企业框架，而是进入社会视野，并有明显的管理导向。

日本于20世纪50年代初开始引进市场营销体系，1957年日本营销协会成立，这个组织对推动营销学的发展起了积极作用。20世纪50年代，市场营销又被传播到法国，最初应用于英国在法国的食品分公司，20世纪60年代开始应用于工业部门，继而扩展到社会服务部门。20世纪70年代初市场营销课程先后在法国各高等院校开设。

20世纪70年代，市场营销与心理学、行为科学、社会学、统计学等应用性科学相结合，发展成为一门新兴的综合性应用学科，为世界各国所接受。进入20世纪80年代，市场营销在理论研究的深度上和学科体系的完善上得到了极大的发展，其概念也有了新的突破。1986年，菲利普·科特勒提出了"大市场营销"概念。

在这一时期，市场营销的主要特点表现为：以需求为导向的现代营销观念确立，"以消费者需求为中心"成为市场营销的核心理念；市场营销的研究范围突破了流通领域，深入到生产领域和消费领域，形成了现代市场营销体系；市场营销的地位空前提高，受到社会各界的普遍重视。

四、创新阶段（20世纪90年代初至今）

20世纪90年代，世界政治、经济环境发生了重大变化，国际经济与贸易正日益呈现出全球化和一体化趋势，世界市场正向纵深开放和发展，国际竞争空前激烈，企业面临的挑战空前严峻。

在这一时期，市场营销适应社会化大生产和市场经济高度发展的客观需要，并且随着科学技术的进步、社会的发展而不断发展和创新。其主要特点表现为：发展迅速，影响深远，深受重视；新的理念、新的理论不断涌现，如绿色营销、定制营销、网络营销、4C 理论等；市场营销学科开始细分，出现服务市场营销、国际市场营销、非营利组织营销学等新的学科分支，市场营销在协同发展和分化扩展中不断完善与创新。

在我国，自 1995 年起，市场营销理论研究与应用得到了深入拓展。随着我国改革的全方位展开，国有企业加快了改革步伐，民营企业茁壮成长，外资企业大举进入国内，开始角逐我国市场，使我国在迅速成为"世界工厂"的同时，买方市场特征逐步形成，市场竞争进一步加剧。在这种形势下，强化市场营销和营销创新成为企业的重要课题。进入 21 世纪，我国已经形成庞大的营销教育与人才培养网络。

基于市场营销的发展，现代市场分析理念已经表现出诸多新的特点，具体体现在以下几个方面。

1. 市场分析更加注重战略发展规划

战略是一个军事术语，用于描述长期的发展目标。在当今的商业环境中，企业必须具备战略思维。无论是产品的设计理念，还是企业的发展方向，都需要与企业的战略思想相契合。传统企业往往缺乏明确的经营目标和长期的战略规划，受限于当时的环境条件，追求短期利益。在机会来临时，它们无法通过有效扭转经营劣势来获得生机。而现代企业强调可持续发展，并在营销规划中重视战略的制定，以确保市场营销的作用得到充分发挥。

2. 市场分析更加注重合作发展

当今社会，实施低层次的价格战、广告战，结果只能是两败俱伤。合作共赢才是生存之道，企业需要通过资源共享，优势互补，成立双赢的战略联盟，以适应国际竞争。国际企业间的合作更是大势所趋。在营销学中，许多生产企业都重视与经销商的合作，原因在于经销商往往具备较之生产企业更加丰富的地区经营经验。许多国际型生产企业不愿意自己进行地区营销，而更倾向于与当地经销商进行合作经营，尤其是在进入一个地区开拓市场的初期。但生产企业必须注意，同类企业相互之间的合作也是现代企业发展的一个重要方向。许多企业已经通过成立或者加入战略联盟的方式获得相应资源。

以航空运输业为例，随着经济全球化的发展，全球贸易不断增长，旅客前往世界各地的需求也随之增加，但没有任何一个单独的航空公司能够覆盖到全球的各个角落。因此，成立或加入航空联盟已成为当今航空业界的共识。由于航空产品自身的无差异性特征，航空公司只有联合起来组成更大的服务网络，才能为旅客提供更多的出行选择。1997 年，美国联合航空（United Airlines）、德国汉莎航空（Lufthansa）、加拿大航空（Air Canada）、北欧航空（SAS）与泰国国际航空（Thai Airways International）宣布正式成立星空联盟（Star Alliance），这是世界上第一家全球性航空公司联盟。1999 年，寰宇一家（One world Alliance）成立。2000 年，天合联盟（Sky Team）宣布成立，至此，全球三大航空联盟的格局形成。我国的主要航空公司也已经先后加入其中。世界三大航空联盟在全球航空市场上各有优势，星空联盟主要占据着亚洲、欧洲和南美洲市场；寰宇一家则在大西洋地区拥有相当优势；天合联盟主要在北美地区"称霸"。随着东航和华航的加入，天合联盟在我国的优势得以强化。这三家联盟所属的航空公司占据全球航空客运市场约 80% 的份额。[①]

3. 市场分析更加注重经营理念的更新

现代企业的经营活动最重要的影响因素已不是资本，而是资源。资源的种类千差万别，对企业而言主要涵盖：人力资源，包括企业内部人力资源与企业外部人力资源；物力资源，包括企业可用货币形式衡量的有形资产和无形资产；资金资源，包括企业的流动资产及具备可调动性特征的潜在资金池；技术资源，包括企业拥有的技术能力及潜在知识储备；信息资

---

① 侯秀敏. 三大航空联盟和中国航空公司的关系 [J]. 空运商务，2013.1.

源，包括企业获得信息的能力及有效性；等等。然而，在这些所谓的"资源"中，最重要的却是企业的营销管理资源。

现代企业需要不断更新经营理念，现代企业管理者需要不断学习与进步。另外，市场分析也需要适时更新。营销资源已经成为营销致胜的核心。在现代营销学与管理学理论中，"学习型组织""关系营销""虚拟企业""饥饿营销"等各种新生事物不断涌现，并成为企业管理者必须学习和使用的制胜法宝。

电子商务对全球实体经济的影响之巨大让人愕然。然而，市场竞争的激烈程度恰恰是丛林法则的再现，只有适应新型的经济形势才能生存下来。电子商务对各类实体经济体的影响存在差异。通俗来看，价值链上游的企业仍然能够生存，若能顺应电子商务的发展，则可能获得新的经济收益。但是价值链中游的企业往往不堪重负。传统的零售业是这场革命的受害者。它们的利益被新生的电子商务抢走。电子商务的发展不仅仅从理论上，更是通过实践促进了市场营销的改革。电子商务平台以零售商的身份作为销售终端自主地和供应商连接，从而有效节省了采购成本。

与此同时，基于传统价值链的市场分析也需要进行更新和调整。然而，很多企业还不能较快地适应时代的发展，常常沉溺于过去的成绩或是对传统的经营方式过于依赖。以酒店业为例，国际酒店行业的发展模式已从传统的"电算化①""自动化②"阶段发展为目前的"网络化③""集成

---

① 以替代手工操作为主而引入计算机电算化系统，使员工可以利用系统来处理简单、琐碎、重复性的工作，如财务管理、客房管理等。

② 随着计算机在智能楼宇、控制自动化和酒店设施设备管理监控中的应用，酒店的设备运行管理逐步信息化，发展成由中央管理站、各种 DDC 控制器及各类传感器、执行机构组成的能够完成多种控制及管理功能的智能化、自动化控制系统。同时酒店信息化在这一阶段应用的另一方向是酒店办公业务自动化。

③ "数字化酒店"的含义不仅仅是酒店有宽带接入线路，方便顾客上网，还包含在网上创建公司网站供顾客浏览，进行互动式的数据查询和顾客自助服务；运行突破业务电算化功能的酒店管理 MIS 系统。其应用重点是网络营销和网上适时订房业务。

化①""协成化②" 阶段③。国内的主流酒店预订网站携程、艺龙等也已经开始蚕食酒店订单，通过线上客源瓜分酒店收益，而这种趋势将进一步影响酒店业的发展。对于任何一家传统的星级酒店而言，没有网络客户或者客户无法从全球酒店预订网等网站获得这个酒店的房源信息、客户评价等资料，都将对酒店的经营产生重大影响。

4. 市场分析更加注重顾客的融入

企业与顾客之间的关系已经从传统的买卖关系演变成服务与被服务的关系，再到现在的双赢关系。顾客与企业之间逐渐发展成为互利共赢的伙伴，甚至顾客也成为企业的一部分。企业的利益来源是顾客的消费。顾客是影响营销的重要因素之一。因此，企业需要从以产品为中心向以顾客为中心转变，从而提供更优质、更个性化的服务，以满足消费者的需求。

第三节　市场营销管理观念的演变

市场营销管理观念被企业视为其营销活动及管理的基本指导思想。它不仅仅是一种观念，更是一种态度，甚至可以说是一种企业思维方式。随着生产和交换日益向纵深发展，社会、经济与市场环境的持续变迁，以及

---

① 酒店业集成化应用阶段国际上领先的应用经验是：三分软件七分实施。软件功能主要包括宴会与销售管理、财务管理、人力资源和前台管理、餐饮和成本控制管理、工程设备管理、采购和仓库管理、客房服务、商业智能分析、远程数据库交换。而七分实施主要是强调应用最佳行业业务规范进行酒店业务流程再造（BPR），将传统的组织结构向顾客导向的组织结构转变。酒店流程的再造不仅是为使用计算机系统而使用计算机系统，更在于相应地转变和理顺酒店的组织结构，使信息技术架构同酒店的新业务流程及组织的管理目标相互适应协调，形成酒店在信息时代的新竞争优势。

② 进入互联网新经济时代，酒店业信息化的新境界是在集成化基础上的协同化应用。酒店通过互联网搭建统一的信息应用平台，将客户、酒店、员工、供应商、合作伙伴等各方联为一个整体，以实现纵览全局的跨行业、跨组织、跨地区，实时在线的、端对端数据无缝交换的业务协同运作，其重点在于各方联为一体直接面向顾客提供个性化服务。

③ 唐黎标．国际酒店业信息化对中国酒店业的启示［J］．烹调知识，2009.12.

企业经营经验的不断积累，企业的市场营销管理观念也在不断发生着深刻的变化。这种变化的基本轨迹可以概括为：从以企业利益为导向，逐渐转变为以消费者利益为导向，再进一步发展到以社会利益为导向。

简单来说，市场营销管理观念的演变可划分为生产观念、产品观念、推销观念、市场营销观念和社会市场营销观念五个阶段。前三个阶段的观念一般称之为旧观念，是以企业为中心的观念；后两个阶段的观念是新观念，又称之为消费者（市场）导向观念和以社会长远利益为中心的观念。莱维特曾以推销观念与市场营销观念为代表，比较了新旧观念的差别，具体如图 1-1 所示。

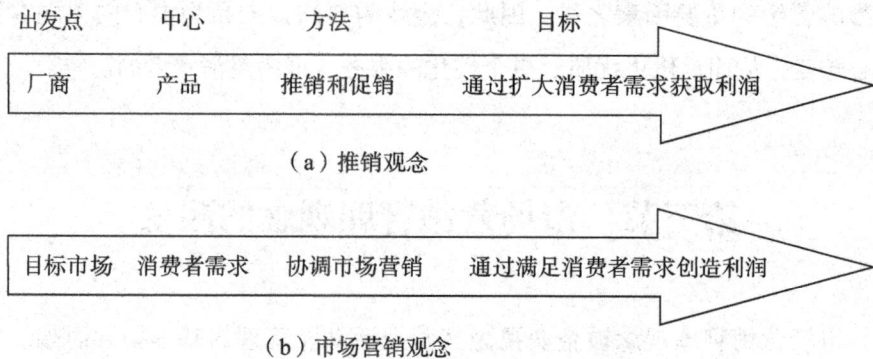

出发点	中心	方法	目标
厂商	产品	推销和促销	通过扩大消费者需求获取利润

（a）推销观念

目标市场	消费者需求	协调市场营销	通过满足消费者需求创造利润

（b）市场营销观念

图 1-1　推销观念与市场营销观念的区别

一、以企业为中心的市场营销管理观念

以企业为中心的市场营销管理观念，是以企业利益为根本取向和最高目标来处理营销问题的观念。它包括以下内容。

1. 生产观念

生产观念（Production Concept）是商业领域最早产生的营销观念之一。这种观念产生于 20 世纪 20 年代前。彼时的企业经营观念不是从消费者需求出发，而是从企业生产出发的，认为生产是最重要的因素，只要生产出有用的产品，就不愁没有销路，其主要表现是"我生产什么，就卖什么"。生产观念认为，消费者喜欢那些随处能够购买到的、价格低廉的产品。企业应致力于提高生产效率和分销效率，扩大生产，降低成本，以扩展市场。例如，美国皮尔斯堡面粉公司从1869年至20世纪20年代，一直运用生产观念来指导企业的经营活动，当时这家公司提出的口号是"本公司旨在制造面粉"。美国福特汽车公司的创始人亨利·福特曾宣称："不管消费者需要什么颜色的汽车，我只有一种黑色的。"这些都是生产观念的典型表现。显然，生产观念是一种重生产、轻市场营销的商业观念。

事实上只有同时满足下面两个条件，我们才有理由相信消费者主要感兴趣的是产品可随处购买到与产品价格低廉。一是产品供不应求，企业要致力于提高产品的质量。二是产品成本高，企业要通过提高生产效率降低成本，使消费者买得起。在商品供不应求的卖方市场时代，这种"大量生产、降低价格"的思想尚有其生命力，也常常成为某些企业的策略选择。例如，一个企业将生产观念作为指导思想，大力推行批量的标准化生产，以提高生产效率，降低生产成本，最终达到以低价为竞争基础的扩张市场的目的。

生产观念的缺点在于轻视消费者。企业只关注生产和分销的效率，而忽视了消费者的需求和体验。企业必须转变营销观念，以适应不断变化的市场环境和消费者需求。

我们对生产观念进行了如下描述。

（1）适用条件：生产力水平低、卖方市场。

（2）营销思想：生产什么、卖什么。

（3）企业任务：增加产量、降低成本。

（4）观念特征：生产中心论。

2. 产品观念

在生产观念阶段的末期，随着市场竞争的加剧和消费者需求的多样化，产品观念（Product Concept）应运而生。产品观念认为，在有选择的情况下，质量优、性能好的产品会受到消费者的青睐。因此，企业应致力于制造质量优良的产品，并不断地加以改善和提高。然而，这种观念与生产观念一样，忽视消费者的需求和欲望。所谓优质产品，往往是没有征求过消费者的意见，由工程师在实验室里设计出来的。美国通用汽车公司的总裁就曾说过，在消费者没有见到汽车之前，他们怎么会知道需要什么样的汽车呢？这种思想观念曾使美国通用汽车公司在与日本汽车制造商的较量中陷入困境。

当企业开发出一种新产品时，企业最容易患上"市场营销近视症"，即将注意力放在产品上，而不是放在市场需求上，以至于在市场营销管理中缺乏远见，只看到自己的产品质量好，看不到市场需求在变化，只知道责怪消费者不识货，而不反省是否根据需求提供了消费者真正想要的东西。事实证明，物美价廉的产品不一定是畅销的产品。产品观念的致命之处在于将产品看成是需求的化身，将产品等同于需求，而忽视市场需求的变化。这种观念导致企业闭门造车、故步自封。

3. 推销观念

推销观念（Selling Concept）产生于资本主义国家由"卖方市场"向"买方市场"过渡的阶段。在这个阶段，大量生产使供给趋于饱和，而需求却增长缓慢，供需矛盾十分尖锐。1929 年，美国官方报告《美国经济新动向》指出，过去，企业比较关心满足需求的产量，现在企业所关心的是产品的销售活动。推销观念在此市场背景下盛行开来。其具体表现为：我们卖什么，就让人们买什么。皮尔斯堡公司的口号这时改为："本公司旨在出售面粉"，并在公司内设立了商情调研部门，派出大量推销员扩大销售。推销观念认为，消费者不会因自身的需求与愿望主动地购买商品，必须经由推销的刺激才能诱使其发生购买行为。产品是"卖出去的"，而不是"被买去的"，企业必须努力推销现有产品，否则就不能增加销量和利润。在推销观念指导下，企业致力于产品的推广与广告活动，以期获得充分的利润。

推销观念的可取之处在于它强调企业应该通过加强促销活动，使消费者对产品有所了解或者产生兴趣，进而实现交换。这有助于企业发现潜在消费者。这里所谓的潜在消费者，是指因不了解产品或其他原因尚未产生购买欲望的消费者。但从广义上来说，推销观念仍然建立在"我们能生产什么，就卖什么"的基础上，同属于"以产定销"的范畴，着眼于现有产品的推销，对消费者只希望通过促销手段诱使其购买，至于消费者满意与否以及会不会重复购买，则不予考虑。推销观念在现代市场经济条件下被大量用于推销那些非必需物品，如保险、资金募集等，即购买者一般不会想到要去购买的产品或服务。

推销观念产生于现代工业高度发展时期，随着市场产品数量的增加、品种的增多、竞争的加剧，大多数市场成为买方市场（即供大于求，买方更有发言权，卖方要提供符合消费者需求的产品）。在这种情况下，大多数企业运用推销观念的目的是，推销他们所制造的产品，而不是制造他们能推销、切合消费者需求的产品。

二、以消费者为中心的观念

以消费者为中心的观念又被称为市场营销观念（Marketing Concept）。这种观念认为，企业的一切计划与策略应以满足消费者的需求为中心，正确确定目标市场的需要与欲望，比竞争者更有效地满足消费者需求。市场营销观念确立了这样一种信念：企业的一切计划与策略应以满足消费者为中心；满足消费者的需求与愿望是企业的责任；在满足消费者需求的基础上，获得长期的、合理的利润。市场营销观念有四个主要支柱：目标市场、整体营销、消费者满意和盈利率。与推销观念不同，市场营销观念是从选定的市场出发，通过整体营销活动，实现消费者需求的满足和满意，以获取利润，提高盈利率。

市场营销观念形成于 20 世纪 50 年代。第二次世界大战后，随着第三次科学技术革命的兴起，西方各国企业更加重视研究和开发，大量军工企业转向民用品生产，新产品竞相上市，社会产品供应量迅速增加，市场竞争进一步加剧。同时，西方各国政府相继推行高福利、高工资、高消费政策，社会经济环境也出现快速变化。消费者有较多的可支配收入和闲暇时间，对生活质量的要求提高，消费需求变得更加多样化，购买选择更为多元化。这种形势迫使企业改变以卖方为中心的思维方式，将重心转向认真研究消费需求，正确选择为之服务的目标市场，以满足目标消费者的需要，即从以企业为中心转变成以消费者为中心。

执行市场营销观念的企业称为市场营销导向企业。其具体表现为，消费者需要什么，我们就生产什么。许多企业的口号是：哪里有消费者需要，哪里就有我们的机会。企业的主要目标已不是单纯追求销售量的短期增长，而是从长远出发，力求占领市场，吸收消费者。皮尔斯堡公司运用市场营销观念，不仅深入地了解消费者的需求变化，而且主动地采取措施对这种变化施加影响。

市场营销观念强调"消费者至上"的原则，要求企业将营销管理重心放在首先发现和了解"外部"的目标消费者需要，然后再协调企业活动并千方百计地去满足它，使消费者满意，从而实现企业目标。因此，企业在决定其生产、经营内容时，必须进行市场调研，根据市场需求及自身的条件，选择目标市场，组织生产经营。企业的产品设计、生产、定价、分销和促销活动，都要以消费者需求为出发点。产品销售出去之后，企业还要了解消费者的意见，根据消费者意见改进自己的营销工作，最大限度地提高消费者满意度。

总之，市场营销观念根据消费者主权论，明确决定生产什么产品的权力不在于生产者，也不在于政府，而在于消费者，因而将过去"一切从企业出发"的旧观念转变为"一切从消费者出发"的新观念，即企业的一切活动都围绕满足消费者需求来进行。

然而，真正做到以消费者为中心的企业并不多见，也有企业在谋取利益的同时忽视了对社会利益的保护，这导致了全球范围内大规模的"消费者权益保护运动""环境保护运动"等的兴起，进而催生了营销管理理论的新发展。

三、以社会长远利益为中心的观念

以社会长远利益为中心的观念又被称为社会市场营销观念（Social Marketing Concept）。20 世纪 70 年代，西方资本主义国家面临着一系列的挑战，包括能源短缺、通货膨胀、失业增加、环境污染严重及消费者保护运动盛行。然而市场营销观念在某种程度上回避了这些现实问题。1971 年，杰拉尔德·蔡尔曼和菲利普·科特勒提出了"社会市场营销"的概念。营销学界还提出了一系列新的观念，如人类观念（Human Concept）、理智消费观念（Intelligent Consumption Concept）、生态准则观念（Ecological Imperative Concept）。其共同点都认为企业生产经营不仅要考虑消费者需要，而且要考虑消费者和整个社会的长远利益。这类观念可统称为社会市场营销观念。

社会市场营销观念强调，企业应以保护消费者和增加社会福利为目标，通过满足消费者需求和愿望来提供有价值的产品与服务。同时社会市场营销观念还强调企业为消费者提供产品和服务时，不仅要以消费者为中心，而且要兼顾消费者、社会和企业自身三方面利益。社会市场营销观念符合社会可持续发展的要求，企业应当积极采纳这种观点，努力实现消费者、社会和企业三者之间的共赢。

社会市场营销观念是对市场营销观念的补充与修正。市场营销观念的核心在于满足消费者的需求与愿望，进而实现企业的利润目标。利润是企业生产的根本目的，市场营销观念虽也强调消费者的利益，但必须符合企业的利润目标。社会市场营销观念则强调，要以满足消费者需求及实现消费者和社会公众的长期福利作为企业的根本目的与责任。理想的市场营销决策应同时考虑消费者的需求与愿望、消费者和社会的长远利益，以及企业的效益。

对于市场营销观念的三个重点（消费者导向、整体营销和消费者满意），社会市场营销观念都做了修正。一是以消费者为中心，采取积极的措施，如向消费者提供更多、更快、更准确的情报，改进广告与产品包装，减少环境污染，保护消费者的利益。二是整体营销活动，即视企业为一个整体，统一运用资源，以有效地满足消费者的需要。三是求得消费者的真正满意，即视利润为消费者满意的一种报酬，视企业的满意利润为消费者满意的副产品，而不是将利润放在首位。上述修正同时要求企业改变决策程序。在市场营销观念的指导下，决策程序一般是先确定利润目标，然后寻求可行的方法来达到这一目标；社会市场营销观念则要求，决策程序应先考虑消费者的利益，寻求有效满足与增进消费者利益的方法，然后再考虑利润目标，看看预期的投资报酬率是否值得投资。这种决策程序的改变，并未否定利益目标及其价值，只是置消费者利益于企业利润目标之上。

社会市场营销观念的主要特征如下。

（1）市场背景：保护生态平衡，促进人类和整个社会的健康发展成为人们普遍关注的问题。

（2）营销思想：社会观念，即企业应以有利于保护生态平衡，为人类和社会的健康发展做出贡献作为生产经营的指导思想。

（3）企业任务：实现企业利益、满足消费者需求，以及社会、消费者整体的长远利益三者之间的统一。

（4）观念特点：社会中心论，即企业要从消费者长远利益和社会整体利益出发来从事生产经营活动。

四、市场分析与策划的必要性

市场营销管理观念的产生和存在都有其历史背景和必然性，都是与一定的条件相联系、相适应的。当前，大多数企业正在从生产型向经营型或经营服务型转变，为了求得生存和发展，它们必须树立具有现代意识的市场营销观念、社会市场营销观念，以进行卓有成效的市场分析与策划。但是，必须指出的是，由于诸多因素的制约，当今市场经济发达国家的企业并不是都树立了市场营销观念和社会市场营销观念。事实上，还有许多企业仍然以产品观念及推销观念为导向。

20世纪80年代以后市场营销观念又有了新的发展，如关系营销观念、绿色营销观念、文化营销观念、整体营销观念、整合营销观念、合作营销观念、体验营销观念、网络营销观念等，它们是对社会市场营销观念的补充和完善。在《营销管理》（第13版）一书中，科特勒提出了全方位营销（Holistic Marketing）的新概念。全方位营销的概念强调所有的事情都与营销相关，该营销战略通过整合各种营销手段，实现对消费者的全面宣传和推广。全方位营销的四个组成部分是：关系营销、整合营销、内部营销和绩效营销。其中，绩效营销被视为必要的部分，以了解从营销活动和营销方案所获得的商业回报，并更广泛地关注营销对法律、伦理、社会及环境的影响效应。

在市场营销管理观念不断演进的过程中，一个时代或者一个企业究竟选择哪种营销管理观念，绝不取决于企业管理者自身，而是取决于市场环境。只有真正适应市场环境的营销管理观念才有真正的价值。

✏️ 文后思考

1. 你能举出市场的各种类型吗？不同类型的市场之间有什么差异？

2. 请用思维导图的方式分析市场的发展变化。

3. 学习了本章内容，你是否能准确说出"市场营销"与"推销"的区别呢？

4. 如果你是一家酒店的领导，负责营销业务，面临的现状是传统的到店客户订单减少，你打算怎样适应这种变化？

5. 顾客与企业的关系应该是怎样的？你现在的体验和感觉是什么？你觉得在我国，顾客是否已经成为企业的一部分？作为消费者，你希望得到企业的关注吗？企业会关注所有的顾客吗？什么样的顾客会引起他们的注意？

6. 电子商务对现代企业的影响都是一致的吗？存在什么差别？你能举例说明吗？

7. 如果让你选择一家企业进行电子商务操作，你会选择一家什么类型的企业？原因是什么？

8. 在上题中，你打算通过什么方式说服这家企业的管理者接受电子商务经营方式呢？你可能遇到的最大困难是什么？你打算怎么克服？

案例分析

禁渔十年，"长江三鲜"能回来吗？

最近网上的一段视频引起了广泛关注，视频拍摄于安徽池州市黄湓大桥的黄湓闸河，河下黑压压一片，猛一看以为是水体变黑了，近看居然全是鱼。可以想象一下，当你站在岸边，一群群的鱼在你脚下游来游去的场面，多么壮观。对此，当地村民表示：自己活了60多年都没见过这么多鱼，说明长江禁渔的政策好，真的改善了生态环境。

长江是我国第一长河，不仅水利资源丰富，而且拥有众多的鱼类，但再多的鱼类也经不起人类活动的"摧残"，受环境污染及过度捕捞等影响，长江鱼类的生存环境日趋恶化。以长江鲥鱼为例，在1974年的时候，渔民每年捕捞鲥鱼能达到1 575吨，而到1985年，鲥鱼就在长江绝迹了。相关数据显示，在1993年的时候江豚还有2 700头左右，但是到2006年就只剩下了1 225头左右，后来更少，于是我国政府制定了长江禁渔政策，并从2020年1月1日起开始实施。

为什么是 10 年呢？如果禁渔时间较短，比如只禁几个月，刚刚长成的鱼可能 3 天就又没有了，鱼类种群无法繁衍，根本起不到什么保护作用。而以 10 年为期，能给长江水生生物更多的空间和时间，让它们好好恢复，因为鱼类需要生长 2~3 代后才可以实现恢复性增长，但是常见的四大家鱼（青鱼、草鱼、鲢鱼、鳙鱼）通常需要经过 4 年的时间才能成熟，因此只有禁渔 10 年，才能保证这些鱼类有 2~3 代的繁衍，确保长江"有鱼可捕"，恢复长江的生态环境。

黄溢闸位于黄溢河的河口处，其闸坝上游通过河道与淡水湖——升金湖相通。由于鱼类处于产卵期，很多鱼需要洄游产卵，但也有中华鲟等少数鱼类是不需要去上游产卵的。需要去上游产卵的鱼类就被水闸挡在此地无法前进，所以这里才汇集了这么多的鱼类。被阻拦在此的鱼类有草鱼、鳊鱼、鳜鱼等，密密麻麻的一片，导致河水都变"黑"了，场面非常震撼。

由于黄溢河位于长江水系，属于长江 10 年禁渔区域，严禁捕捞。如果你对这些鱼有什么过分的举动，可能就会有巡警人员过来找你谈话了。其实这并不是第一次出现大量鱼群，前一段时间在芜湖也出现了大量鱼群，当地居民表示，每当到了鱼的产卵季节，都会在浅滩上看见密密麻麻的鱼，而这些都说明了政府对长江实行的禁渔政策是正确的。

对长江实行 10 年的禁渔政策不仅可以为一些常见鱼种提供至少两代的繁殖周期，还限制了人类活动对长江的破坏，在一定程度上能够改善长江的生态环境。2022 年作为长江禁渔的第二年，禁渔政策已经起到了显著效果，在长江中生活的特有鱼群的数量一直保持着持续增加的状态，还有一些绝迹的鱼类也再次出现，20 年没有再见过的鳡鱼在洞庭湖被监测到。令人惊喜的是，江豚作为长江中比较稀有的物种，频繁出现在多个地方，如在武汉江段，2021 年就发现了江豚 4 次，而且都是以"组团"的形式出现的，其中最大的种群有 12 头。不得不说，禁渔还是非常有效的，短短一年的时间，江豚的数量已经有了明显增加。

除了珍贵的江豚之外，长江中的其他常见鱼类数量也有明显增加，很多当地居民都拍到过鱼类扎堆的现象。看来禁渔政策确实改变了长江的生态环境，各种鱼类数量都在显著增加。

"江中无渔船，水中无渔网，市场无江鱼"。十年之约，记忆中的"长江三鲜（鲥鱼、刀鱼和河豚）"能重回八百里皖江吗？是的，有些告别已成永远。但是，今天我们告别了渔舟唱晚，是为了有一天，夕阳西下，粼粼波光，水面上忽然跃出欢快的弧线，孩子们在岸边惊呼着拍手。那时候，我们终于可以有底气地说一说关于人与自然的童话、关于绿水青山的故事。

注：本案例选编自安徽共青团发表的文章——禁渔十年，"长江三鲜"能回来吗？

案例讨论

1. 本案例中涉及的市场营销观念有哪些呢？为什么？
2. 如果市场营销的主体是企业，"十年禁渔"却属于国家政策，那么我们如何从市场营销的角度来理解这个案例？

第二章

企业的行业选择

导
读

　　对个人来说，选择合适的行业是实现人生梦想的重要抉择。这个道理对于每一名企业家和创业者来说也同样适用。

　　我国社会的主要矛盾已经转化为人民日益增长的美好生活需要和不平衡不充分的发展之间的矛盾，人民对物质、精神等需求逐步增加，对科技、经济的发展提出了更高的要求。以人工智能为代表的信息技术将成为未来社会发展变革的主要领域。同时，伴随着信息技术的发展，与此关联的社会经济也将发生变革。当我们正在适应消费者购买方式从线下转至线上的变化时，殊不知，一场更大更彻底的信息技术对传统领域的改变正在到来……

学习目标

➤ 认识企业进行行业选择的重要性。

➤ 掌握行业选择和比较的标准。

第一节 行业选择的标准

伴随着人们对于财富累积的渴求及电子商务发展带来的创业门槛的降低，很多年轻人选择了创业，其中的一部分会仰赖自己对电子商务的尚不全面的认知而选择在电子商务及相关领域进行创业。据统计，我国大学生初次创业成功率仅为5%。创业成功的人确实只有少数。创业失败的原因多种多样，其中很重要的一项就是行业选择错误及缺乏必要的企业管理知识和营销学常识，没有深入调查市场。严格来讲，凭借资金资源和人力资源在当今社会获得竞争优势的可能性是极小的。在进行创业之前，创业者必须对市场状况有基本的认识和了解，并学习企业管理知识和营销学常识，只有这样才能规避市场风险。

选择具有良好发展前景的行业，可以提高企业的生存和发展机会。行业选择的标准可以参照以下内容。

一、环境的容许度、与投资者的契合度及投资者的适应性

市场环境分析是一个综合性概念，它涵盖了与企业生产经营有关的所有因素。这些因素可以被大致划分为外部环境和内部环境两大类。企业的外部环境是一系列影响其生存和发展的外部因素的总和；企业的内部环境是企业内部物质和文化因素的总和。

企业与环境之间存在着密切的联系。一方面，环境是企业赖以生存的基础。另一方面，企业是一种具有活力的社会组织，它并不是只能被动地为环境所支配，而是在适应环境的同时对环境也会产生影响，从而推动社会进步和经济繁荣。因此，企业需要在尊重和保护环境的基础上，实现与环境的和谐共生。

企业的外部环境又分为宏观环境和微观环境两个层次。宏观环境因素包括政治环境、经济环境、技术环境、社会文化环境。这些因素对企业及其微观环境的影响较大，一般都是通过微观环境对企业产生间接影响的。微观环境因素包括市场需求、竞争环境、资源环境，以及行业性质、竞争者状况、消费者、供应商、中间商及其他利益相关者等多种因素，这些因素会直接影响企业的生产经营活动。

企业的内部环境包括企业的物质环境和文化环境。它反映了企业所拥有的客观物质条件和工作状况及企业的综合能力，是企业系统运转的内部基础。因此，企业内部环境分析也可称为企业内部条件分析，其目的在于掌握企业实力现状，找出影响企业生产经营的关键因素，辨别企业的优势和劣势，以便寻找外部发展机会，确定企业战略。如果说外部环境给企业提供了可以利用的机会的话，那么内部条件则是抓住和利用这种机会的关键。只有在内外环境都适宜的情况下，企业才能健康发展。企业发展环境影响因素如表 2-1 所示。

表 2-1 企业发展环境影响因素

一级指标	二级指标	一级指标	二级指标
经济环境	市场	社会文化环境	文化环境
	顾客		社区舆论
	合作伙伴		社区关系
	竞争对手	人才环境	人才易得性
	金融机构		人才市场
	经济周期	自然资源环境	自然资源
	中介机构		
政治环境	政府		能源
	法律		地理和气候
	政策		基础设施
技术环境	技术转移及扩散		自然灾害危害程度
	技术特征		

同时，投资者与相关行业、企业的契合程度及投资者自身的适应性也会对投资者未来的发展产生影响。多数情况下，这种契合度在跨国投资中的要求更高，影响更加明显，而这种契合度又与环境的容许度存在密切联系。环境的容许度高，即使契合度低、适应性较弱也能给予投资者喘息的空间，提高成功的概率。环境的容许度低，就意味着投资者面临的挑战更大，成功的概率会大大降低。

二、所在行业的吸引力

迈克尔·波特在其著作的《竞争优势》一书中提出，并非所有行业都提供均等的盈利机会。一个行业的经济特性和竞争环境及它们的变化趋势往往决定了该行业未来的利润前景。

行业吸引力表现为行业的盈利性与行业的成长潜力。一般来讲，如果一个行业的销售利润率处于各行业平均利润率水平以上，就可以认为该行

业具有吸引力。从国家公布的部分行业财务基准收益率取值表（见表 2-2）
中可以看出，各行业的盈利性相差很大。

表 2-2　部分行业财务基准收益率取值表

行业	子行业	融资前税前财务基准收益率（%）	项目资本金税后财务基准收益率（%）
农业	种植业 （包括粮食、棉花、油料、蔬菜、果业生产及其种业）	7	8
	畜牧业 （包括牲畜饲养、家禽饲养、畜禽良种繁育）	7.5	9.5
	渔业 （包括海水养殖、淡水养殖、远洋捕捞）	8	9
	农副产品加工 （包括粮油、饲料、畜禽水产品和果蔬加工）	8	9
石油	陆上油田开采		
	陆上常规油田开采	13	14
	陆上特殊油田开采	8	9
	陆上气田开采		
	陆上常规气田开采	12	13
	陆上煤层气开采	10	11
	陆上页岩气、致密气开采	8	9
	长输管道		
	长距离输原油管道	10	12
	长距离输成品油管道	10	12
	长距离输气管道	10	12
	储气库	10	12
石化	原油加工及石油制品制造	12	14
	初级形态的塑料及合成树脂制造	14	16
	合成纤维单（聚合）体制造	14	16

（续表）

行业	子行业	融资前税前财务基准收益率（%）	项目资本金税后财务基准收益率（%）
石化	乙烯联合装置	12	15
	合成橡胶	13	15
化工	氯碱及氯化物制造	11	12
	无机化学原料制造	10	11
	有机化学原料及中间体制造	11	12
	化肥	10	10
	农药	13	15
	橡胶制品制造	12	12
	化工新型材料	12	13
	专用化学品制造（含精细化工）	13	15
	现代煤化工	11	12
信息产业	固定通信	5	6
	移动通信	10	13
	数据与互联网通信	10	13
	卫星通信	6	6
电力	电网	8	8.5
水利	调水、供水工程	4	3
	水库发电工程	7	8
铁路	新建铁路	3	1
	既有铁路改造	6	3
民航机场	枢纽和干线机场	5	3
	支线机场	1	—
煤炭	煤炭开采、采选	10	11
	煤炭清洗	15	16
钢铁	钢铁（不含矿山）	12	14
公路	公路建设		
	政府还贷项目	4.5	4.5
	经营性项目	5.5	6
	独立公路桥梁、隧道		

行业	子行业	融资前税前财务基准收益率（%）	项目资本金税后财务基准收益率（%）
公路	政府还贷项目	4.5	4.5
	经营性项目	5.5	6
水运	沿海港口	7	8
	内河港口	4	4
	航电枢纽	3	—
卫生	综合性医院（含设备）	1	—

注：资料来源于国家发展和改革委员会官方网站。

　　由于影响行业吸引力的因素有很多，我们可以把行业吸引力的评价指标分为两类，即显示性指标和分析性指标（见表2-3）。显示性指标是反映行业吸引力外显特征的评价指标，其最直接的表现就是行业的盈利性。但是，行业的盈利性是随着行业结构的变化而波动的，因此还需要研究和评价行业的潜力，即行业的成长性。行业的盈利性和成长性是行业吸引力的直接表现，可以由行业数据直接测量得出。分析性指标是影响行业吸引力大小变化的因素，这些分析因素被称为动力因素，来说明行业吸引力的原因或决定因素。[1] 经过比较判断，可以把行业吸引力分为高、中、低三个层次，但划分的标准将依据不同行业、不同时期而有所区别。

表 2-3　行业吸引力评价指标

指标类型	一级指标名称	二级指标名称	作用
显示性指标	行业盈利性 B_1	销售利润率 B_{11}	反映行业吸引力的表现
		净资产收益率 B_{12}	
	行业成长性 B_2	销售增长率 B_{21}	
		资本增长率 B_{22}	
		净利润增长率 B_{23}	

---

[1]　帅红坡.企业行业选择研究［D］.保定：华北电力大学，2004.12.

（续表）

指标类型	一级指标名称	二级指标名称	作用
分析性指标	市场供求力量 B_3	客户的数量和集中度 B_{31}	反映行业吸引力的原因
		供方的数量和集中度 B_{32}	
		行业生命周期阶段 B_{33}	
		市场风险性 B_{34}	
	竞争强度 B_4	行业集中度 B_{41}	
		竞争者的均衡程度 B_{42}	
		产品差异度 B_{43}	
		进入威胁 B_{44}	
		替代威胁 B_{45}	
	社会及环境因素 B_5	技术变革的影响 B_{51}	
		人们生活观念的影响 B_{52}	
		经济增长的拉动 B_{53}	
		法律政策的制约 B_{54}	

三、有一定的规模和发展潜力

投资者在进行投资时，可以选择新建和购并两种方式。通常情况下，新建企业所需的投资要高于获取同等规模和效益的企业购并投资，因此购并是当前国际投资的主要潮流。企业出于追求效率[1]、战略发展[2]、政策寻租[3]、机会利得[4]的目的，会选择进行购并投资。在购并投资中，企业规模和发展潜力是需要重点考察的因素。

对于企业规模，我们可以从投入和产出两个不同的角度来理解。从投

---

[1] 规模经济效益、降低交易费用、觊觎目标公司被低估的价值。

[2] 争夺市场、多元化经营、降低进入壁垒。

[3] 获得政策收益。

[4] 从市盈率变动中获利。

入的角度看，企业规模的大小表现为企业所拥有的劳动者数量、资本额度和占地面积大小；从产出的角度看，企业规模大小表现为产品产量的大小和销售额的多少。企业规模有大有小，对其划分有一定的标准。一般来说，各国对企业规模的界定所采用的界定标准有两类：定量指标和定性指标。参照国际标准，我国以职工人数、销售额和资产总额三个标准作为划分企业规模的依据，并将企业划分为大型、中型和小型三类。不同规模的企业在经济中的作用也不相同。大型企业产量大、技术强、生产集中，是工业生产的骨干企业，在经济中起主导作用。中小型企业投资少、建设周期短、见效快，便于实现生产专业化，且适应市场变化能力较强，生产易接近原料产地和市场，生产经营灵活。按指标划分大中小型企业的办法如表 2-4 所示。

表 2-4　按指标划分大中小型企业的办法

指标名称	计算单位	大型	中型	小型
职工人数	人	2 000 及以上	300（含）~2 000 以下	300 以下
销售额	万元	30 000 及以上	3 000（含）~30 000 以下	3 000 以下
资产总额	万元	40 000 及以上	4 000（含）~40 000 以下	4 000 以下

注：资料来源于国家统计局设管司相关资料。

　　企业发展潜力也称企业的成长性，是企业在自身的生产经营活动中，通过不断扩大积累而形成的发展潜能。它是企业能为消费者带来的潜在效用和在市场空间中的内在发展趋势的体现。企业的发展潜力并非源于突然的革命性创新活动，而是存在于企业的持续改进的一系列经营活动中。如果一个行业具有较大的吸引力，同时企业的竞争力又强，那么投资成功的概率就高。反之，行业吸引力较小，企业的发展潜力有限，则投资进入这个行业的风险就高，建议投资者及时回收投资并退出。

第二节　企业设计的要求

投资者在确定了投资的方向后，就需要进行企业设计。企业设计主要涵盖三个方面的内容，即战略、操作和组织。在战略层面，企业要审慎选择关键性的经营理念，确保其与企业整体目标保持一致；在操作层面，企业要根据所制定的战略重新整合企业内部资源，拟定具体的、切合实际的操作计划和执行方案；在组织层面，企业应设立适当的组织机构，建立有效的管理机制，以适应实际操作和战略选择的需求，同时不断创新企业设计，优化企业格局，从而实现企业利益的最大化。企业设计的主要功能在于调整企业内部结构，使其更加合理化，从而推动企业健康持续发展。

一、企业设计的理念

在企业设计的过程中，首先要科学地认识当前国情下的经济、文化变革情况，尤其是它们从无序走向有序转变的特点和规律。这一认识将有助于企业确定自身的位置和设计方向。企业的质量是确定其竞争力、生存能力、发展潜力的关键因素。因此，企业设计的首要任务就是提高企业质量，避免企业由于结构性缺陷而出现危机。

企业理念在企业文化中占据核心地位，它不仅影响着企业经营管理的各个方面，更决定着企业文化其他要素的发展方向。企业设计的核心是企业战略的设计。企业战略是对企业内部各种战略的统称，既包括竞争战略，也包括营销战略、发展战略、品牌战略、融资战略、技术开发战略、人才开发战略、资源开发战略等。

企业战略的类型包括发展型战略、稳定型战略、收缩型战略、成本领先战略、差异化战略和集中化战略等。[①]

企业发展潜力评估指标体系如表 2-5 所示。

表 2-5 企业发展潜力评估指标体系[②]

	一级指标	二级指标	核心因素
企业发展潜力评估指标体系 U	外部环境 U_1	行业增长前景	产业政策
			行业吸引力
		市场潜力	市场地位
			市场占有率
	企业资源实力 U_2	技术创新能力	核心技术先进性
			研发能力
			创新成果转化率
		人力资源	管理层素质
			员工素质
			再学习能力
		偿债能力	短期偿债能力指标
			长期偿债能力指标

① 发展型战略包括一体化战略、多元化战略和密集型成长战略。

稳定型战略又称为防御型战略、维持型战略，包括四种类型：暂停战略、无变化战略、维持利润战略和谨慎前进战略。

收缩型战略又称为撤退型战略，包括三种类型：转变战略、放弃战略和清算战略。

成本领先战略的优势包括：可以抵御竞争对手的进攻，具有较强的与供应商议价的能力，形成了进入壁垒。成本领先战略的适用条件：市场需求具有较大的价格弹性；所处行业的企业大多生产标准化产品，价格因素决定了企业的市场地位；实现产品差异化的途径很少；多数客户以相同的方式使用产品；用户购买从一个销售商转换为另外一个销售商时，转换成本很小，因而倾向于购买价格最优惠的产品。

差异化战略的风险包括：竞争者可能模仿，使得差异消失；保持产品的差异化往往以高成本为代价；产品和服务差异对消费者来说失去了意义；与竞争对手的成本差距过大；企业要想取得产品差异，有时要放弃获得较高市场占有率的目标。

集中化战略可以分为集中成本领先战略和集中差异化战略。集中化战略的条件包括：企业资源和能力有限，难以在整个产业实现成本领先或者差异化，只能选定个别细分市场；目标市场具有较大的需求空间或增长潜力；目标市场的竞争对手尚未采用统一战略。实施集中化战略的风险包括：竞争者可能会模仿；目标市场由于技术创新、替代品出现等原因而需求下降；由于目标细分市场与其他细分市场的差异过小，大量竞争者涌入细分市场；新进入者重新细分市场。

② 刘志国.企业发展潜力评估指标体系的构建及其应用研究［D］.石家庄：石家庄经济学院，2008.6.

（续表）

一级指标	二级指标	核心因素
企业经营能力 U_3	主导产品增长潜力	新产品增长率
		产品状况
	管理能力	战略柔性水平
		营销管理水平
		生产管理水平
	盈利能力	收益率指标
	发展能力	增长率指标
	运营能力	周转率指标
	组织机制	组织建设状况
企业文化素质 U_4	企业文化聚合力	企业价值观、经营理念明确度
		员工认同度

（说明：左侧第一列为"企业发展潜力评估指标体系 U"）

企业战略的分析设计包括以下三个方面的内容。

（1）确定企业的使命和目标。把企业的使命和目标作为制定和评估企业战略的依据。

（2）对外部环境进行分析。外部环境包括宏观环境和微观环境。

（3）对内部条件进行分析。战略分析要了解企业所处的地位，具有哪些资源及战略能力；了解企业利益相关者的利益期望，以及在战略制定、评价和实施过程中，利益相关者的反应。

二、企业设计的要求

企业设计的要求包括如下四个要点。

（1）将创新作为重要的经营方式，即通过技术创新、产品创新和管理创新来保持企业有利的市场位置。

（2）在市场上保持领先地位。市场占有率高、产品具有竞争力、成本低、经营独特等都可以使企业在市场上处于领先地位，从而有助于保持企业在市场上的有利位置。

（3）更多地通过提升服务和产品质量而不仅仅是通过价格与对手展开竞争。虽然薄利多销是市场竞争的重要手段，但仅有低廉的价格而没有高品质的产品和完善的服务，其竞争力也一定是十分脆弱的。

（4）通过市场竞争，建立自己的独特优势。这些优势主要包括技术优势、产品优势、市场营销优势、财务优势、管理优势和企业文化优势等。

✎ 文后思考

1. 你如何看待行业选择的问题？如果你进入一个自己不喜欢、不擅长的行业你会怎样做？如果你是一名企业管理者，你的企业选择了一个不擅长的领域或者未来发展前景暗淡的领域，你会怎么做？
2. "一个没有人涉足的行业未必就是金矿。"你怎么理解这句话？
3. 即便学习了本章内容，对于很多管理者来说，调整企业发展方向仍然是一件十分困难的事，你对此有何看法？

案例分析

最新企业战略转型领域及其行为模式

通过对全球成功转型的企业进行分析和研究，我们发现，过去十年（2011—2020年）国际上实现成功转型的企业基本选择了以下四个战略主题。

一是数字化转型。数字化转型是当前企业战略转型的热点主题。通过云计算、大数据、物联网和人工智能等先进技术，企业能够将其传统的物理业务转变为数字化业务。这一转变为客户带来全新的价值体验。

二是全球气候转型。过去十年战略转型成功的前20家企业中有4家企业通过新能源、新清洁技术的应用，打造可再生的商业模式，为客户提供能源或水服务，它们是奥斯特德、艺康、雀巢和AO史密斯。

三是医疗健康转型。全球医疗健康产业的转型，无疑是一个充满无限可能的巨大机遇。在这个过程中，飞利浦、友邦保险、富士和平安等企业，已经从传统的疾病护理业务领域成功转型到预防保健领域。

四是金融科技转型。金融科技作为一个非常重要的转型领域，通过数字化技术的应用，成功地将复杂的金融业务简化，实现颠覆性的变革。阿里巴巴和腾讯是典型的新一代面向消费者的金融科技转型案例。

通过深入研究企业转型过程中的决策和执行过程，我们总结出了战略转型的五种行为模式，具体如下。

第一，提出一个远大的使命。

一个有野心、激动人心的使命是战略转型的好的开始和持续的动力。

早在2013年，奈飞公司的首席执行官里德就发布了11页的备忘录，向所有的员工和投资者公布了公司的新战略使命。这一使命是公司从传统内容数字化服务向原创内容生产和发行的服务转型的关键驱动力，也为公司定下了赢得艾美奖和奥斯卡奖的宏伟目标。

在当年，许多媒体对此嗤之以鼻。毕竟，艾美奖和奥斯卡奖的得主公司都是拥有丰厚资源沉淀和悠久历史的行业巨头。然而，当时一个主要从事光盘租赁和流媒体技术服务的公司，怎么可能获得艾美奖和奥斯卡奖呢？

在那份备忘录里，里德提出，"在现有的领域，我们无需与亚马逊、苹果、微软和索尼或者谷歌竞争。为了取得显著的成功，我们必须专注于塑造充满激情的品牌。我们要成为星巴克，而不是7-11；要成为西南航空，而不是美联航"。

这个使命虽然宏大，但是非常清晰明了。自奈飞公司采纳这个使命以来，其收入持续增长，年复合增长率超过了50%，这一数字是美国标普500

指数平均值的五倍。

企业的战略转型应以雄心勃勃、远大的使命为起点。同时，企业应制定一个远大的目标，并确保所有利益相关者都能了解并认可这一目标，然后围绕此目标构建能力，创新业务，持续转型直至实现目标。

第二，敢于放手过去的成功。

在明确设定了远大目标后，如果企业一直留恋过去的成功，不能毅然决然地转身，那么注定很难达成目标。

在2014年，西门子发布了其2020年的远景计划，宣布了逐步淘汰石油和天然气及传统制造业务的决定。该计划旨在建立新的数字化业务单元，为自己和相关的制造业企业提供转型服务。

这可不是一个简单的决定，作为一家拥有140年历史的电力行业巨头，西门子在过去创造了300亿美元的收入，并雇用了80 000名员工。

西门子看清了行业的趋势，做出了正确的选择，并且果断采取行动，成立了以数字工业（DI）和智能基础设施（SI）为核心的新业务部门。

西门子的董事会主席说："这是一个正确的决定，尤其是在业务表现良好的情况下，这是进行战略转型的最佳时机，正如修建房屋需要晴朗的天气一样。"

如今，西门子的数字化业务收入已占据总收入的26%，并且呈现出年复合增长率达到8%的良好势头。这在传统制造业中已经是很好的表现了。

第三，借助核心能力进入新兴市场。

放手过去的成功，并不意味着不能利用和继承过去的资源。

通过对T20的研究，我们发现，很多企业之所以转型成功是充分利用了原有业务的品牌、客户等核心资产，并将它们融入新的业务当中。

富士和柯达一样，曾经是传统胶卷市场的寡头。富士拥有更为广阔的商业视野。相比之下，柯达于2012年申请破产，而富士早在之前就大力投资医学成像新领域。通过充分利用原有的化学优势和专利技术，富士深入挖掘摄影胶片在医学领域的应用，并且推出用于诊断的完整产品线。同时，富士还利用原有的化学研究能力扩展新业务，涉足药品开发和销售。

借助传统的优势资源，富士在 2010 年将医疗作为单独的业务线。目前，富士的 220 亿美元的总收入中，有 18% 来自新兴的医疗业务。

这个案例充分展示了如何将传统优势资源和核心能力应用于新市场的开拓中。

第四，通过新平台和业务模式抓住数字化机遇。

数字化对于众多企业来说，无疑是一个新的机遇。借助数字化技术，业务效率得以显著提升，商业模式创新和变革也得以实现。

星展银行正是通过构建全新的数字平台，实现了业务的数字化，并且开放数字平台，让合作伙伴共同在平台上协作，共创新的业务价值。

星展银行推出了全球最大的 API 接口协议，使得金融和零售合作伙伴能够集成到其能力体系中。2018 年，星展银行证明了数字化客户至少可以创造高于传统用户两倍的利润。

2019 年，星展银行成为首家同时荣获年度最佳银行和世界最佳银行荣誉称号的银行。

第五，将创新定义为战略能力而非某一个部门的工作。

建立一种机制，让企业的每一个员工都理解创新的价值，并且能够围绕使命做出贡献，这也是企业组织转型的重要成功因素。只有将创新定义为企业级的战略能力才能够全面推进转型的进程。

微软的首席执行官纳德拉领导了一场巨大的变革，他提倡以客户为中心而不是以技术为中心的创新文化。通过打造新的创新文化，纳德拉全面影响了微软的每一个员工，让每一个人意识到创新的重要性和转型的必要性。

微软转型的成功是有目共睹的，新的云业务占据了 30% 的收入，并且保持年复合增长率超过 15%，这对于这个巨头企业来讲，是一个奇迹。

案例讨论

1. 案例中提到了企业转型的四个战略主题，你觉得还有哪些新兴的领域也应受到关注？原因是什么？

2. 关于企业转型的五种行为模式，你是否认同？如果认同，你觉得其中哪一条是最重要的呢？为什么？如果不认同，原因又是什么？

第三章

市场环境分析

导读

市场环境无时无刻不在发生变化。在营销学中，许多案例都告诉我们，当人们追逐的热门手机产品已经从摩托罗拉、诺基亚、三星转向华为、小米时，商场里最受欢迎的品牌也随之更迭；同时，你最爱的美食已经从店外大排长龙转变为送货上门，你的口味偏好也出现了变化，商品的特征、功能甚至销售形式都发生了改变。总有一天，当你站在那个熟悉的街头，你会发现一切已经变得陌生……

然而，无论商品如何变化，应用了何种最新的科技，说到底，消费者的需求并没有发生根本性变化，真正变化的只是满足需求的方式而已。

学习目标

➢ 了解市场环境分析的概念和特点。

➢ 了解影响企业营销的环境因素。

➢ 掌握市场环境分析的特征和方法。

第一节 市场环境分析

何为市场环境分析？不同的学者给出的定义不尽相同。美国著名市场营销学家菲利普·科特勒认为，市场环境是指在营销活动之外，能够影响营销部门建立并保持与目标消费者良好关系能力的各种因素和力量。很显然，我们从这个定义可以看出，市场环境分析是一种不受企业主观意愿影响的外部因素和力量，它对企业的市场营销活动产生长远而又深刻的影响。这些因素由企业营销管理机构外部的行动者与力量所构成，它们对企业管理当局发展和为目标客户提供令其满意的产品或服务能力产生影响。

科特勒将环境分为微观环境和宏观环境两类。微观环境和宏观环境之间不是并列关系，而是主从关系。微观环境受制于宏观环境，微观环境中的所有因素都要受宏观环境中各种力量的影响（见图 3-1）。微观环境与企业关联性极强，它是企业营销活动的参与者，直接影响并制约企业的营销能力。微观环境与企业之间存在着或多或少的经济联系，因此也称为直接营销环境或作业环境。它包括市场营销渠道、消费者、竞争者及社会公众等要素。宏观环境则是通过微观环境作为媒介来影响和制约企业的营销活动，因此被称为间接营销环境。在特定的场合下，宏观环境甚至可以直接影响企业的营销活动。宏观环境因素和微观环境因素共同构成了一个多因素、多层次、多变的企业市场环境分析综合体。

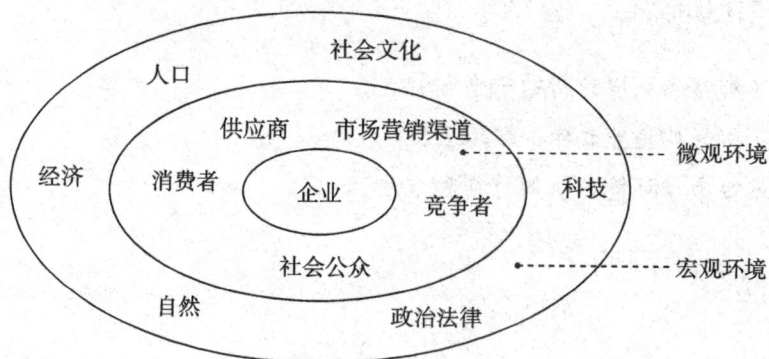

图 3-1　微观环境和宏观环境的关系

市场环境分析的特征体现在以下几个方面。

一、客观性

市场环境分析的客观性又称为不可控性。企业在特定的社会经济和其他外部环境条件下生存、发展，环境并不以营销者的意志为转移，具有强制性与不可控性的特点。也就是说，企业营销管理者虽然能分析认识市场环境，但是无法摆脱环境的约束，也无法控制营销环境，特别是间接的社会力量更难以把握。例如，企业不可能控制一个国家的政治法律制度，或者随意改变人口的增长、变化趋势，以及一些社会文化习俗等，而只能去适应它。适者生存既是自然界的法则，也是企业营销活动的法则。

二、差异性

市场环境分析的差异性不仅表现在不同的企业受不同环境的影响，而且同样一种环境要素的变化对不同企业的影响也不相同。例如，不同的国家、民族、地区之间在人口、经济、社会文化、政治、法律、自然地理等各方面均存在着广泛的差异性。这些差异性对企业营销活动的影响显然是巨大的。由于外界环境因素的差异性，企业必须采取多样化的市场营销策略来应对和适应这种差异性。

三、相关性

市场环境分析是一个系统性的工程，在这个系统中，各个影响因素是相互依存、相互作用和相互制约的。这是由于社会经济现象的出现，往往不是由某个单一的因素决定的，而是受到一系列相关因素的影响。例如，企业研发新产品时，不仅要受经济因素的影响和制约，更要受社会文化因素的影响和制约。

四、动态性

市场环境分析是企业营销活动的基础和条件，但这并不意味着市场环境分析是一成不变的、静止的。以我国所处的间接营销环境为例，今天的环境与十多年前的环境已经有了很大的变化。首先，国家产业政策的变化对企业的营销活动产生了决定性的影响。过去，重点放在重工业上，现在已明显向农业、轻工业、服务业倾斜。这种产业结构的变化对企业的营销策略提出了新的要求。其次，我国消费者的消费倾向正从追求物质的数量化为主流向追求物质的质量及个性化转变，也就是说，消费者的消费心理正趋于成熟。这无疑对企业的营销行为产生了最直接的影响。当然，市场环境分析的变化是有快慢、大小之分的，有的变化快一些，有的则变化慢一些；有的变化大一些，有的则变化小一些。例如，科技、经济等因素的变化相对快而大，因而对企业营销活动的影响相对短且跳跃性大；而人口、社会文化、自然要素等相对变化较慢、较小，对企业营销活动的影响相对长而稳定。因此，企业的营销活动必须适应环境的变化，不断地调整和修正自己的营销策略，只有如此，才能抓住市场机会，保持竞争力。

五、可影响性

企业可以通过调整与控制内部环境要素，从而对外部环境施加一定的影响，进而促使某些环境要素向预期的方向转化。现代营销学认为，企业经营成败的关键就在于，企业能否适应不断变化的市场环境。如果企业不能很好地适应外界环境的变化，则很有可能在竞争中失败，从而被市场所淘汰。强调企业对所处环境的反应和适应，并不意味着企业对于环境变化是无能为力或束手无策的，而是从积极主动的角度出发，能动地去适应市场环境。或者说运用自己的经营资源去影响和改变市场环境，为企业创造一个更有利的活动空间，从而使营销活动与营销环境相互联系。美国著名市场营销学家菲利普·科特勒正是针对这种情况，提出了"大市场营销"理论。该理论认为，企业为了成功地进入特定市场或者在特定市场经营，应当用经济的、心理的、政治的和公共关系技能，赢得若干参与者的合作。科特勒举例说，假设某家百货公司拟在美国某城市开设一家商店，但是当地政府的法律不允许你开店，在这种情况下，你必须运用政治力量来改变法律，才能实现企业的目标。"大市场营销"理论指出，企业可以运用能控制的方式或手段，影响造成营销障碍的人或组织，争取有关方面的支持，使之改变做法，从而改变市场环境。

市场环境是企业生产经营有关的所有因素的总和。企业与环境的联系非常密切，企业赖以生存的基础是环境。企业经营要从外部环境中获得人力、财力、原材料、技术、资源等。企业的生产经营活动，必须要有这些要素的支撑和支持。同时，企业生产创造出的产品与设计，必须通过市场来销售。如果没有市场销售作依托，企业也就无法发展壮大、生存立足。环境既会给企业带来机遇，使企业不断发展壮大，也会给企业带来威胁，影响其发展。因此，企业要正确面对环境、抓住机遇、避其锋芒，找出适合企业发展的道路，稳步前进。特别需要指出的是，企业不能被动地被环境支配，而应在适应环境的同时对环境产生影响。企业与环境之间要相互依存、相互发展、相互平衡、同步前进，形成一种水乳交融、相互容纳的关系。企业对于环境的研究、探索、适应必须不遗余力，力求在各种环境中生存、发展壮大。

第二节　宏观环境分析

企业的宏观环境即为市场营销外部环境，一般包括五类因素：政治环境、经济环境、法律环境、自然环境、社会文化环境。这些因素对市场环境分析的影响力较大，会直接影响企业的生产经营活动。

一、政治环境

政治环境是指那些影响和制约企业的政治要素，以及其运行状态。具体包括国家政治制度、经济形势、方针政策等因素。在稳定的政治环境中，企业能够通过公平竞争获取正当权益，从而得以生存和发展。国家的政策法规对企业生产经营活动具有控制、调节作用，相同的政策法规给不同的企业可能会带来不同的机会或威胁。政治制度是政治环境中最重要的因素，与之相关的还有政权的组织形式及其相关的制度、意识形态、政治组织制度、政府行为等。在政治环境中，政治风险也不可避免。

政治风险是政府行为可能对企业产生的影响。政治风险可以按不同标准分为：宏观政治风险和微观政治风险，间断性政治风险和连续性政治风险。

对于政治风险的评估要把握一国的政治状况，从历史和现实两方面着手，把握政府的类型、政党及各自的执政观，并在掌握材料的基础上，进行总体评估。通过对企业自身产品和特点的分析，确定在特定的领域遇到的风险类型。同时也要制定一个标准来识别风险的来源。

预防政治风险的策略应当在投资的前期、中期和后期进行区分，并按规定向相应的机构投保，金融机构和政府要参与其中。

二、经济环境

经济环境是指构成企业生存和发展的社会经济状况与国家经济政策。它涵盖了影响消费者购买能力和支出模式的各种因素，如收入的变化、消费者支出模式的转变等。

社会经济状况包括经济要素的性质、水平、结构、变动趋势等多方面的内容，涉及国家、社会、市场及自然等多个领域。国家经济政策是国家履行经济管理职能的重要手段，旨在调控国家宏观经济水平、结构和实施国家经济发展战略。这一政策对企业的经济环境具有重要的影响。

企业的经济环境主要由社会经济结构、经济发展水平、经济体制和宏观经济政策四个要素构成。

社会经济结构是指在国民经济中不同的经济成分、不同的产业部门及社会再生产各个方面，在组成国民经济整体时相互的适应性、量的比例及排列关联的状况。社会经济结构主要包括产业结构、分配结构、交换结构、消费结构和技术结构，其中最重要的是产业结构。

经济发展水平是指一个国家经济发展的规模、速度和所达到的水准。反映一个国家经济发展水平的常用指标有国民生产总值、国民收入、人均国民收入、经济发展速度和经济增长速度。

经济体制是指国家经济组织的形式。经济体制规定了国家与企业、企业与企业、企业与各经济部门的关系，并通过一定的管理手段和方法，调控或影响社会经济流动的范围、内容和方式等。

宏观经济政策是指国家制定的一定时期国家经济发展目标实现的战略与策略。它包括综合性的全国经济发展战略和产业政策、国民收入分配政策、价格政策、物资流通政策、金融货币政策、劳动工资政策、对外贸易政策等。

因此，企业在进行经济环境分析时需要对以上各个要素进行分析，运用各种指标，以准确地分析宏观经济环境对企业的影响，从而制定出合适的企业经营战略。

三、法律环境

法律环境会对企业的财务管理活动产生影响，其涵盖的范围包括国家法律规范、国家司法机关和社会组织的法律意识。这种影响具有刚性约束的特征，这是由法律的强制性所决定的。

我们可以按照法律法规对财务管理内容的影响对其进行划分。[①]

（1）影响企业筹资的各类法律法规。企业的筹资行为必须在特定的法律约束下进行。影响企业筹资的法规主要有《中华人民共和国公司法》（以下简称《公司法》）《中华人民共和国证券法》（以下简称《证券法》）《金融法》《证券交易法》《中华人民共和国经济合同法》（以下简称《经济合同法》）《企业财务通则》以及相关企业财务制度等。

---

① 孙琳，徐晔．财务管理［M］．上海：复旦大学出版社，2006.

（2）影响企业投资的各类法律法规。企业的投资活动也必须在特定的约束条件下进行。这方面的法规主要有《证券交易法》《公司法》《企业财务通则》以及相关企业财务制度等。

（3）影响企业收益分配的各类法律法规。企业在进行收益分配时，必须遵守有关法规的规定。这方面的法规主要有《中华人民共和国税法》（以下简称《税法》）《公司法》《企业法》《企业财务通则》以及相关企业财务制度等。

我们在处理企业的各种不同的经济关系时，应遵循的法律法规可以按照性质和领域对其进行划分。

（1）企业组织类相关的法律法规，主要包括《公司法》《证券法》《中华人民共和国公司登记管理条例》《中华人民共和国全民所有制工业企业法》《中华人民共和国合资经营企业法》《中华人民共和国中外合作企业法》《中华人民共和国个人独资企业法》《中华人民共和国合伙企业法》等。这些法律规范既是企业的组织法，又是企业的行为法。

（2）税务法规。税法是由国家机关制定的、调整税收征纳关系及其管理关系的法律规范的总称。

（3）财务法规。财务法规是规范企业财务活动、协调企业财务关系的行为准则，包括《企业财务通则》、行业财务制度、企业内部财务制度。

四、自然环境

自然环境是指营销者所需要的或受营销活动影响的自然资源，涉及一个企业所在地区或市场的地理、气候、资源分布、生态环境等因素。自然环境状态往往对企业发展有重要影响，但极易被忽略。

20世纪90年代以来，企业和公众面临的主要问题之一是日益恶化的自然环境。自然环境的发展变化对企业的发展产生了越来越大的影响。因此，企业的最高管理层必须认真分析和研究自然环境的发展动向。

目前，某些自然资源已经短缺或即将短缺。无限资源（如空气和水等）、可再生有限资源（如森林、粮食等）、不可再生资源（如石油、煤和金属等矿物）均不同程度地出现了危机。环境污染问题也日益严重。在许多国家，随着工业化和城市化进程的加快，环境污染的程度不断加剧，公众对这个问题的关注度越来越高。那些造成污染的行业和企业在社会舆论压力和政府的干预下，不得不采取措施控制污染；而这又给那些致力于控制污染、研究和开发环保技术的企业带来了新的市场机遇。例如，火力发电站排放的二氧化硫导致了酸雨的形成。为了解决这一问题，这些发电站需要安装脱硫装置，从排放的浓烟中除去含硫物质。我国拥有大约 2 000 个火力发电站，脱硫装置市场潜力巨大，有待开发。

同时，政府对自然资源管理的干预日益加强。随着经济的快速发展和科学技术的持续进步，许多国家的政府已经对自然资源的管理进行了更为积极的干预。然而，这种出于社会利益和长远利益的干预，往往与企业的经营战略和经济效益相矛盾。例如，为了控制污染，企业必须购置昂贵的污染控制设备，这就可能会影响企业的经济效益。如果政府按照法律规定的污染标准严格控制污染，有些工厂就要被关闭或转型，从短期来看，这可能会影响工业的发展。因此，如何在解决这种矛盾的同时，既能减少环境污染，又能保证企业的发展，已成为当前政治和经济领域亟须解决的难题。

在企业创立初期，企业就应对具体地理环境、气候条件和交通方式进行调查。在构建环境管理体系时，全面而系统的初始环境评审工作是不可或缺的。这一过程能够帮助我们深入理解企业活动、产品、服务对环境的影响，以及这些影响的程度。同时也能让我们充分了解应遵守的与环境管理相关的法律法规和其他要求，明确企业的环境及其管理现状，评估企业的经济和技术能力，以及挖掘其潜力。这将为确定未来环境管理工作的内容和方向打下坚实的基础，同时也为科学制定目标指标和环境管理方案做好充分的准备。

五、社会文化环境

社会文化环境是由一系列因素构成的，包括企业所处地区的社会结构、风俗习惯、宗教信仰、价值观念、行为规范、生活方式、文化水平、人口规模与地理分布等。这些因素的形成与变动对社会文化的形成和发展起着至关重要的作用。社会环境对企业的生产经营有着潜移默化的影响。社会文化环境是影响企业营销诸多变量中最复杂、最深刻、最重要的变量。

对社会文化环境的分析要从教育状况、宗教信仰、价值观和消费习俗等方面来展开。文化环境所蕴含的因素主要有社会阶层、家庭结构、风俗习惯、宗教信仰、价值观念、消费习俗、审美观念等。在企业面临的诸方面环境中，社会文化环境是较为特殊的。它不像其他环境因素那样显而易见和易于理解，却又无时无刻不在影响着企业的市场营销活动。文化是影响人的欲望（包括消费需求欲望）、行为（包括消费行为、购买行为）的基本因素之一。每个人都在一定的社会文化环境中生活，其认识事物的方式、行为准则和价值观等都会异于生活在其他社会文化环境中的人们。因此，企业必须全面了解、认真分析所处的社会文化环境，以便准确把握消费者的需要、欲望和购买行为，正确判断目标市场，制定切实可行的营销方案。对进入国际市场和少数民族地区的企业来说，这样做尤为重要。

第三节　行业环境分析

市场环境分析是对企业所处的市场环境进行持续监测和跟踪，以了解市场发展趋势、发现潜在机会和威胁，并相应地调整营销策略，以适应环境变化。在行业环境中，企业需要准确把握市场机会，同时规避环境威胁。市场机会是指在对企业的营销活动具有吸引力的领域中，企业拥有竞争优势。而环境威胁则指环境中不利于企业营销的因素，这些因素对企业形成挑战，并对企业的市场地位构成威胁。

为了进行有效的市场环境分析，我们可以采用多种方法来识别和评估市场的机会与威胁。其中一些常用的方法有对照分析法、优劣势分析法、矩阵分析法、多因素组合分析法、SWOT 分析法等。

一、行业的发展环境

市场环境分析作为一种客观存在，是不以企业的意志为转移的。它遵循自身的运行规律和发展趋势，其影响力随着社会生产力的发展而逐步加强。在当前国际政治多元化和经济一体化的背景下，环境对发展主体的影响变得更加敏感、直接、深刻，也更加持久。

对行业发展环境的认识与分析要结合宏观环境分析进行。一方面，需要分析宏观环境中对行业发展产生影响的政治、经济、法律、自然和社会文化环境的变化；另一方面，需要对行业的发展状态、发展趋势进行分析，包括竞争者、替代产品等问题。为了利用环境变化带来的机会，规避风险，使用 SWOT 等分析方法将是非常有效的。

我国民航业的发展经历了从规模小、旅客构成单一、资源供给渠道一元化向社会化、市场化、国际化和发展资源供给渠道多元化的发展历程。该行业的发展与环境的变化紧密相连。同时，国际国内政治、经济形势的变化等，以及各种交通方式、国内地区经济的发展，也都对民航业的发展产生了重大影响。

二、行业的发展趋势

行业的发展趋势是指在宏观环境和行业发展环境的基础上，自身所具备的发展潜能。随着宏观环境的变化，部分行业将获得红利，还有部分行业的利润可能会受到削减。因此，营销者需要充分认识环境变化，审时度势，正确预判行业发展趋势。

对行业发展趋势的分析也是对宏观环境影响因素的综合考量。行业发展的速度不仅取决于行业自身的技术水平等因素，还受政治、经济、法律、自然、社会文化环境的影响。

三、竞争者与竞争环境

在任何市场上销售产品，企业都面临着竞争。这种竞争不仅来自同行业的现有企业，也包括那些尚未进入市场的潜在的竞争者。同一市场中同类企业的数量多少，直接决定了市场竞争的强度。

明确了竞争者，就需要进行竞争环境调查。这样做的目的是全面了解市场状况和市场竞争强度，并且根据本企业的优势，制定合适的竞争策略。通过竞争环境调查，企业可以了解竞争对手的优势，扬长避短。企业还可以根据自身的优势，与竞争者在目标市场选择、产品档次、价格、服务策略等方面进行差异化设置，形成一种互补的经营模式。

1. 竞争者的分类

（1）愿望竞争者。愿望竞争者指的是那些提供多样化产品以满足不同需求的竞争者。例如，消费者要选择一种万元消费品，他所面临的选择可能有电脑、电视机、摄像机、出国旅游等，这时电脑、电视机、摄像机及出国旅游之间就存在着竞争关系，成为愿望竞争者。

（2）平行竞争者。平行竞争者指的是那些提供不同的产品以满足相同需求的竞争者。例如，面包车、轿车、摩托车、自行车都是交通工具，在满足需求方面是相同的，它们就是普通竞争者。

（3）产品形式竞争者。产品形式竞争者指的是那些生产同类产品但规格、型号、款式不同的竞争者。例如，自行车中的山地车与公路车、男式车与女式车，就构成产品形式竞争者。

（4）品牌竞争者。品牌竞争者指的是同一需要的同种形式产品不同品牌之间的竞争者。品牌竞争者之间的产品相互替代性较强，因而竞争非常激烈，各企业均以培养顾客品牌忠诚度作为争夺顾客的重要手段。

2. 竞争环境

企业的竞争环境是指企业所处的行业及其竞争者的参与程度和竞争强度。它不仅反映了企业在市场中的成本投入，还直接影响了企业的市场进入壁垒的高低。

竞争环境是企业生存与发展的外部环境，对企业的发展至关重要。竞争环境的变化不断产生威胁，也不断产生机会。对企业来说，如何检测竞争环境的变化，规避威胁，抓住机会就成为关乎存亡的重大问题。目前，在我国加快融入国际经济的背景下，我国企业的竞争环境（如行业结构、竞争格局、消费者需求、技术发展等）发生了急剧的变化，不确定性增强。任何企业都必须时刻关注环境的变化，只有这样才能趋利避害。任何对环境变化的疏忽都会对企业造成严重的甚至是决定性的打击。这是催生企业对营销信息管理需求的外部原因。

3. 波特"五力分析模型"

迈克尔·波特于 20 世纪 80 年代初提出的"五力分析模型"（见图 3-2）对企业战略制定产生了深远影响。该模型可以用于竞争战略的分析，并能有效地分析客户的竞争环境。竞争战略中的"五力"分别是供应商议价能力加强的威胁、购买者议价能力加强的威胁、新进入者的威胁、替代品的替代威胁、细分市场内激烈竞争的威胁。五种力量的不同组合变化最终将影响企业的生存发展。

（1）供应商议价能力加强的威胁。供方主要通过提高投入要素的价格与降低单位产品的价值质量，来影响行业中现有企业的盈利能力与产品竞争力。供方力量的强弱主要取决于他们向买主提供的投入要素的质量、成

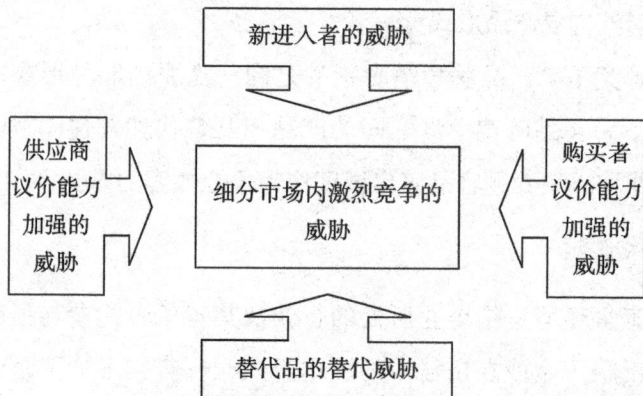

图 3-2　波特"五力分析模型"

本比例等。当供方所提供的投入要素在总成本中占据较大比例、对产品生产过程至关重要或者严重影响产品质量时，供方对于买主的潜在讨价还价能力将显著增强。

（2）购买者的议价能力加强的威胁。购买者主要通过压价与要求提供较高的产品或服务质量，来影响行业中现有企业的盈利能力。

（3）新进入者的威胁。新进入者在引入新的生产能力和资源的同时，希望能够在已经被现有企业充分开发的市场中占据一席之地。这种情况可能会引发原材料与市场份额的竞争，从而可能导致现有企业的盈利水平下降，严重的话还有可能威胁到这些企业的生存。新进入者的威胁的严重程度取决于两方面的因素，即进入新领域的障碍大小与预期现有企业对于进入者的反应。

（4）替代品的替代威胁。两个处于同行业或不同行业中的企业，可能会由于所生产的产品互为替代品而产生竞争行为。这种源自替代品的竞争会以多种形式对行业中现有企业的竞争战略产生影响。

（5）细分市场内激烈竞争的威胁。在大多数行业中，企业之间的利益紧密相连。作为企业整体战略的一部分，各企业的竞争旨在使其相对于竞争对手更具优势。因此，在实施过程中，不可避免地会出现冲突与对抗现象，这些冲突与对抗构成了现有企业之间的竞争。现有企业之间的竞争通常表现在价格、广告、产品介绍、售后服务等方面，其竞争强度与许多因素有关。

综上，企业可以采取尽可能地将自身的经营与竞争力量隔绝开来、努力从自身利益出发影响行业竞争规则、先占领有利的市场地位再发起进攻性竞争行动等手段来应对这五种竞争力量，以增强自己的市场地位与竞争实力。

第四节 企业内部环境分析

企业内部环境包括企业的物质环境和文化环境。它反映了企业所拥有的客观物质条件和工作状况及企业的综合能力。因此，企业内部环境分析又被称为企业内部条件分析，其目的在于掌握企业实力现状，找出影响企业生产经营的关键因素，辨别企业的优势和劣势，以便寻找外部发展机会，确定企业战略。如果外部环境给企业提供了可以利用的机会，那么内部条件则是抓住和利用这种机会的关键因素。只有在内外环境都适宜的情况下，企业才能健康发展。

一、企业的组织结构

1. 组织结构设计的关键因素

组织结构的概念有广义和狭义之分。狭义的组织结构，是指为了实现组织的目标，在组织理论指导下，经过组织设计形成的组织内部各个部门、各个层次之间固定的排列方式，即组织内部的构成方式。广义的组织结构，不仅包含狭义的组织结构内容，还包括组织之间的相互关系类型，如专业化协作、经济联合体、企业集团等。

管理者在进行组织结构设计时，必须考虑如下六个关键因素。

（1）工作专门化。20世纪初，亨利·福特（Henry Ford）通过创新汽车生产线模式，使公司在全球范围内获得了巨大的成功。他的做法是，给公司每一位员工分配特定的、重复性的工作。例如，一些员工只负责装配汽车的右前轮，另一些员工则只负责安装右前门。公司通过将工作细分为更小的、更标准化的任务，使得工人能够反复地进行同一种操作，他们的生产效率会提高，这就是所谓的工作专门化（work specialization），它是指在组织中将工作任务划分成若干步骤来完成的细化程度。

（2）部门化。通过工作专门化完成任务细分之后，就需要按照类别对它们进行分组，以便协调共同的工作。工作分类的基础是部门化（departmentalization）。

对工作活动进行分类的主要依据是活动的职能。根据职能进行部门的划分适用于所有的组织。职能的变化可以反映组织的目标和活动。职能分组法的主要优点在于，把同类专家集中在一起，能够提高工作效率。

工作任务也可以根据组织生产的产品类型、地域或者顾客的类型来进行部门化。大型组织进行部门化时，可能综合利用上述各种方法，以取得较好的效果。例如，一家大型的日本电子公司在进行部门化时，根据职能类型来组织其各分部；根据生产过程来组织其制造部门；把销售部门分为七个地区的工作单位；又在每个地区根据其顾客类型分为四个顾客小组。

（3）命令链。命令链（chain of command）是一种不间断的权力路线，从组织高层扩展到基层，明确向谁汇报工作。它能够回答员工提出的这样的问题："有问题时，我应找谁""我对谁负责"。

在探讨命令链这一概念时，我们首先需要了解两个辅助性的概念：权威（authority）和命令统一性（unity of command）。权威是指管理者因其职位所赋予的发布命令并期望其被执行的权力。为了实现有效协作，每个管理职位在命令链中都有自己的位置。每位管理者都要被授予一定的权威，以便完成其职责任务。命令统一性原则强调一个人应该对一个主管负责，以保持权威链条的连续性。如果命令链的统一性遭到破坏，下属可能需要同时处理多个主管的不同命令或优先级选择的问题。

随着时代的变迁和组织设计基本原则的转变，命令链、权威、命令统一性等概念的重要性已经大大降低。现在基层员工能在几秒钟内获取过去只有高层管理人员才能获得的信息。同样，随着计算机技术的发展，组织中任何位置的员工都能同任何人进行交流，而不需通过正式渠道。而且，权威的概念和维持命令链的需求也变得不那么重要，因为过去只能由管理者做出的决策现在已授权给操作员工自行决定。

（4）控制跨度。一个主管能有效指导下属的数量是一个非常重要的管理问题，它直接影响组织层次的设定和管理人员的配置。在各种条件保持相同的情况下，控制跨度越宽，组织效率越高。

近几年的趋势是增加控制跨度，即实现组织扁平化。例如，像通用电气公司和雷诺金属公司这样的大型企业，其控制跨度已达 10~12 人。加宽控制跨度的趋势与各公司在降低成本、削减企业一般管理费用、加速决策过程、增加灵活性、缩短与顾客的距离、授权给下属等方面的努力是一致的。但是，为了避免因控制跨度过宽而导致员工绩效下降，各公司都加大了对员工培训的投入和力度。管理人员已认识到，只有下属充分了解了工作内容，或者在遇到问题时能够从同事那里得到帮助，他们才能有效地处理跨度的控制问题。

（5）集权化与分权化。集权化（centralization）是指组织中决策权的集中程度。这个概念仅涵盖正式权威，即某个位置固有的权力。一般来讲，如果组织的高层管理者在决定组织重要事务时不考虑或很少考虑基层人员的意见，那么该组织的集权化程度较高。相反，如果基层人员的参与程度较高，或者他们能够自主地做出决策，那么组织的分权化（decentralization）程度就越高。

集权化与分权化组织在本质上是不同的。在分权化组织中，采取行动、解决问题的速度较快，更多的人为决策提供建议，因此员工与那些能够影响他们工作的决策者之间的隔阂较少，甚至几乎没有。

近年来，分权化决策的趋势日益明显，这与使组织更加灵活和主动地做出反应的管理思想是一致的。在大型企业中，基层管理人员更贴近生产实际，对有关问题的了解比高层管理者更翔实。

（6）正规化。正规化（formalization）是指组织中的工作实行标准化的程度。如果一项工作的正规化程度较高，就意味着做这项工作的人对工作内容、工作时间、工作手段没有多大自主权。企业通常期望员工以相同的方式投入工作，以确保稳定且一致的产出结果。在高度正规化的组织中，有明确的工作说明书、烦琐的组织规章制度及对于工作过程有详尽的规定。相反，正规化程度较低的工作将赋予执行者和日程安排更多的灵活性，员工对自己工作的处理权限也相对较宽。由于个人权限与组织对员工行为的规定之间存在反比关系。因此，工作标准化程度越高，员工决定自己工作方式的权力就越小。工作标准化不仅限制了员工选择工作行为的可能性，而且使员工无需考虑其他行为选择，但通常组织之间或组织内部不同工作之间的正规化程度可能存在很大差异。

2. 企业组织结构的内容

（1）单位、部门和岗位的设置。企业组织单位、部门和岗位的设置，不是将一个企业分成几个部分，而是将企业看作一个服务于特定目标的组织，由几个相应的部分构成。它不是由整体到部分进行分割，而是整体为了达到特定目标，必须有不同的部分。这种关系不能倒置。

（2）各个单位、部门和岗位的职责、权力的界定。这是对各个部分的目标、功能、作用的界定。如果一个特定的构成部分没有不可或缺的目标、功能、作用，其就会萎缩消失。这种界定是一种分工，即一种有机体内部的分工。

（3）单位、部门和岗位角色相互之间关系的界定，即界定各个部分在发挥作用时所呈现的相互协调、配合、补充、替代的关系。

以上三点紧密相连，形成了一个相互衔接的体系。其中，第一点作为核心，其余两点则是对其的进一步展开。

3.企业组织结构的形式

在设计企业组织结构时，必须严格遵守规范。这包括确保企业内部系统功能完备、子系统功能负担分配合理、系统功能部门及岗位权责匹配、管理跨度合理四个标准。因此，理解企业组织结构设计的形式是至关重要的。

（1）直线制。直线制是一种最早也是最简单的组织形式。它的特点是企业各级行政单位从上到下实行垂直领导，下属部门只接受一个上级的指令，各级主管负责人对所属单位的一切问题负责。企业不另设职能机构（可设职能人员协助主管人工作），一切管理职能基本上都由行政主管自己执行。直线制组织结构的优点是结构简单，责任明确，命令统一；缺点是要求行政负责人具备广泛知识和技能，能亲自处理各种业务。这在业务复杂、企业规模较大的情况下，将所有管理职能都集中到最高管理者身上，显然其是难以胜任的。因此，直线制只适用于规模较小、生产技术较简单的企业，对生产技术和经营管理较为复杂的企业并不适用。

（2）职能制。职能制组织结构是一种行政组织形式，其中各级行政单位除了主管负责人外，还相应地设立一些职能机构。例如，在厂长下面设立职能机构和人员，协助厂长从事职能管理工作。这种结构要求行政主管将相应的管理职责和权力交给相关的职能机构，使各职能机构能够在其业务范围内向下级行政单位发号施令。因此，下级行政负责人不仅需要接受上级行政主管人的指挥，还必须接受上级各职能机构的领导。

职能制组织结构的优点是能够适应现代化工业企业生产技术比较复杂、管理工作比较精细的特点；能够充分发挥职能机构的专业管理作用，减轻直线领导人员的工作负担。但其缺点也很明显：它妨碍了必要的集中领导和统一指挥，形成了多头领导；不利于建立和健全各级行政负责人和职能科室的责任制，容易出现有功大家抢、有过大家推的现象。另外，当上级行政领导和职能机构的指导与命令产生矛盾时，下级可能会感到无所适从，影响工作的正常进行，容易造成纪律松散和生产管理秩序混乱。由于这种组织结构形式的明显缺陷，现代企业一般都不采用这种形式。

（3）直线–职能制。直线–职能制又被称为生产区域制或直线参谋制，是一种在直线制和职能制的基础上进行优化并吸取其优点的组织形式。目前，绝大多数企业都采用这种组织结构形式。这种组织结构形式将企业管理机构和人员分为两类，一类是直线领导机构和人员，他们根据命令统一原则对各级组织行使指挥权；另一类是职能机构和人员，他们按照专业化原则执行组织的各项职能管理工作。直线领导机构和人员在自己的职责范围内有一定的决定权和对所属下级的指挥权，并且对自己部门的工作负有全部责任。职能机构和人员则是直线领导的参谋，他们不能直接对下属部门发号施令，只能进行业务指导。

直线–职能制组织结构的优点是既保证了企业管理体系的集中统一性，又能在各级行政负责人的领导下充分发挥各专业管理机构的作用。其缺点是职能部门之间的协作和配合性较差，职能部门的许多工作要直接向上级领导报告请示才能处理，这不仅增加了上级领导的工作负担，也导致了办事效率低下的问题。为了克服这些缺点，企业可以设立各种综合委员会或建立各种会议制度，以协调各方面的工作，从而帮助高层领导出谋划策。

（4）事业部制。事业部制最早是由美国通用汽车公司总裁斯隆于1924年提出的，因此也被称为"斯隆模型"或"联邦分权化"。这是一种在高度（层）集中的管理体制下实现分权的管理模式。它适用于规模庞大、产品种类丰富且技术复杂的大型企业，这种结构在国外大型联合公司中得到了广泛应用。近年来，我国的一些大型企业集团或公司也开始引入这种组织结构。事业部制是分级管理、分级核算、自负盈亏的组织形式，即一个企业按地区或按产品类别分成若干个事业部，从产品的设计、原料采购、成本核算、产品制造，一直到产品销售，均由事业部及所属工厂负责，实行单独核算，独立经营，公司总部只保留人事决策、预算控制和监督大权，并通过利润等指标对事业部进行控制。此外，有的事业部只负责指挥和组织生产，不负责采购和销售，实行生产和供销分立，但这种事业部正在被产品事业部所取代。还有的事业部则按区域来划分。

（5）模拟分权制。这是一种介于直线职能制和事业部制之间的结构形式。许多大型企业，如从事连续生产的钢铁、化工企业，由于产品品种或生产流程的限制，难以将整个企业划分为几个独立的事业部。同时，由于企业的规模庞大，高层管理者发现采用其他组织形态进行管理非常困难。在这种情况下，出现了模拟分权组织结构形式。所谓模拟，就是要模拟事业部制的独立经营、单独核算的特性，但实际上并不是真正的事业部，而是一个个被称为"生产单位"的单元。这些生产单位拥有自己的职能机构，享有最大的自主权，并承担着"模拟性"的盈亏责任，这样做的目的是激发生产经营的积极性，以改善企业的经营管理状况。需要指出的是，由于生产上的连续性，各生产单位很难被完全隔离开来。以连续生产的石油化工企业为例，甲单位生产出来的产品直接成为乙单位的原料，无需停顿和中转。因此，它们之间的经济核算只能依据企业内部的价格，而不是市场价格，也就是说这些生产单位没有自己独立的外部市场，这也是其与事业部制结构形式的差别所在。

模拟分权制的优点除了调动各生产单位的积极性外，还解决了企业规模过大导致的管理困难的问题。通过将部分权力下放给生产单位，高层管理人员可以减轻行政负担，将更多精力集中到战略问题上来。其缺点是，不易为模拟的生产单位明确任务，造成考核上的困难；各生产单位管理者可能无法全面了解企业的全貌，因而在信息沟通和决策权力方面存在明显的缺陷。

（6）矩阵制。在组织结构的构建上，我们通常会遇到两种不同的领导模式。一种是按职能划分的垂直领导系统结构，另一种则是按产品（项目）划分的横向领导系统结构。这种同时包含两种模式的结构，我们称之为矩阵制组织结构。

矩阵制组织结构是为了解决直线职能制组织结构横向联系不足及缺乏

弹性的问题。它的特点表现在围绕某项专门任务时可成立跨职能的专门机构。例如，为了进行新产品开发工作，我们会组建一个专门的产品（项目）小组。在这个小组中，研究、设计、试验、制造等各阶段的工作都会由有关部门的人员参与，以实现条块结合，协调各部门的活动，保证任务的顺利完成。这种组织结构的形式是固定的，但人员却是变动的。当有需要时，相关人员会被召集过来；在任务完成后，他们就可以离开。同样，项目小组和负责人也是临时组织和委任的。任务完成后，小组会解散，有关人员会返回原来的单位继续工作。因此，这种组织结构非常适用于横向协作和攻关项目。

矩阵结构的优点是机动、灵活。它能够根据项目的开发与结束的需要，灵活地进行组织或解散。由于这种结构是基于项目组织的，因此任务清晰，目的明确。在新的工作小组中，各方面的专业人才都能够顺利地沟通、融合，将自己的工作同整体工作联系在一起，为攻克难关、解决问题提供策略建议。由于抽调来的人员来自各个部门，他们之间有着信任感和荣誉感，这激发了他们的工作热情，从而推动了项目的实现。此外，矩阵制组织结构还加强了不同部门之间的协作和信息交流，克服了直线职能制组织结构中各部门之间脱节的现象。

矩阵制组织结构的缺点是项目负责人的责任大于权力，因为参加项目的人员来自不同部门，他们的隶属关系仍在原单位。因此，项目负责人对他们的管理存在困难，缺乏足够的激励手段与惩罚手段。这种人员上的双重管理是矩阵制组织结构的固有缺陷。另外，由于项目组成员来自各个职能部门，在任务完成以后，他们需要回到原单位，因而容易产生临时观念，对工作有一定影响。

矩阵制组织结构适用于一些重大攻关项目。企业可以利用矩阵制组织结构来完成涉及面广的、临时性的、复杂的重大工程项目或管理改革任务。特别是对于以开发与实验为主的单位，如科学研究机构等，矩阵制组织结构具有显著的优势。

组织结构的建立方法包括层次分析法[①]、权变理论[②]及目标功能树系统分析模型[③]等。

二、企业的资源

在不同的社会经济阶段，人们对企业资源的理解不尽相同。企业资源是指企业在向社会提供产品或服务的过程中所拥有、控制或可以利用的、能够帮助实现企业经营目标的各种生产要素的集合。我们应从更广泛的角度来理解企业资源，即凡是能转化为支持、帮助和优势的一切物质和非物质都可以被视为企业资源。

1. 企业资源的类型

企业资源可以分为外部资源和内部资源。企业的内部资源包括人力资源、财务资源、实物资源、信息资源、品牌资源、文化资源、技术资源、管理资源、可控市场资源、内部环境资源等；而企业的外部资源则包括行

---

① 层次分析法（Analytic Hierarchy Process，AHP），在 20 世纪 70 年代中期由美国运筹学家托马斯·塞蒂正式提出。它是一种定性和定量相结合的、系统化的、层次化的分析方法。由于它在处理复杂的决策问题上的实用性和有效性，很快在世界范围得到重视。它的应用已遍及经济计划和管理、能源政策和分配、行为科学、军事指挥、运输、农业、教育、人才、医疗和环境等领域。

② 权变理论是指 20 世纪 60 年代末至 20 世纪 70 年代初在经验主义学派基础上进一步发展起来的管理理论，是西方组织管理学中以具体情况及具体对策的应变思想为基础而形成的一种管理理论。进入 20 世纪 70 年代以来，权变理论在美国兴起，受到广泛的重视。权变理论的兴起有其深刻的历史背景，20 世纪 70 年代的美国，社会不安，经济动荡，政治骚动，石油危机对西方社会产生了深远的影响，企业所处的环境很不确定。但以往的管理理论，如科学管理理论、行为科学理论等，主要侧重于研究加强企业内部组织的管理，而且以往的管理理论大多都在追求普遍适用的、最合理的模式与原则，而这些管理理论在解决企业面临瞬息万变的外部环境时又显得无能为力。正是在这种情况下，人们不再相信管理会有一种最好的行事方式，而是必须因地制宜地处理管理问题，于是形成一种管理取决于所处环境状况的理论，即权变理论，"权变"的意思就是权宜应变。

③ 所谓目标功能树系统分析模型，也就是通过对分析对象本身所存在的目标功能结构进行系统分析，以确定分析对象的内在发展和运行的规律。

业资源、产业资源、市场资源、外部环境资源等。

（1）人力资源涵盖了企业内部的人员和可利用的外部人员，包括但不限于他们的体力、智力、人际关系、心理特征及知识经验。人力资源的存在不仅仅是数量上的体现，更重要的是这些员工内在的体力、智力、人际关系、知识经验和心理特征等无形物质。因此，人力资源是有形与无形的统一资源。它是企业资源结构中最重要的关键资源，是企业技术资源和信息资源的载体，是其他资源的操作者，决定着所有资源效力的发挥水平。

（2）财务资源是企业物质要素和非物质要素的货币体现，具体表现为已经发生的能用会计方式记录在账的、能以货币计量的各种经济资源，如资金、债权和其他权利。为了反映企业的财务资源状况，企业通常会编制一系列财务报表。在企业财务资源体系中，资金是最主要的资源。财务资源作为企业业务能力的经济基础，为其他资源的形成和发展提供了基础条件。

（3）实物资源主要指在实际应用中，以物质形态存在的固定资产。这些资产包括但不限于工厂车间、机器设备、工具器具、生产资料、土地、房屋等各种企业财产。由于大多数固定资产的单位价值较大，使用年限较长，且具有较强的物质形态和较低的流动性，其价值往往呈现出边际收益递减的一般规律（当然也有一些固定资产即使在折旧完毕之后仍然具有使用价值和价值，甚至会增值，如繁华地段的商业店铺等）。在传统工业领域，固定资产是企业资源体系的重要组成部分，它是衡量企业实力大小的重要标志。

（4）技术资源包括直接技术和间接技术及生产工艺技术、设备维修技术、财务管理技术、生产经营的管理技能。此外，技术资源还应包括市场活动的技能、信息收集和分析技术、市场营销方法、策划技能及谈判推销技能等市场发展技术。技术资源是决定企业业务成果的重要因素，其效力发挥依托一定水平的财力和物力。

（5）信息资源是指客观世界和主观世界的一切事物的运动状态和变化

方式及其内在含义和效用价值。企业的信息资源由企业内部和外部与企业经营有关的情报资料构成。信息资源在企业的资源结构中起着支持和参照作用，具有普遍性、共享性、增值性、可处理性和多效用性等特征。"知己知彼，百战不殆"就是运用信息资源使整体资源增值的最好诠释。

（6）品牌资源是由一系列表明企业或企业产品身份的无形因素所组成的资源。品牌资源又可细分为产品品牌、服务品牌和企业品牌三类。品牌资源尤其是成为驰名商标的品牌（又称名牌）对企业经营成败至关重要。名牌对企业维系顾客忠诚度、开拓新市场、推广新产品等至关重要。

（7）文化资源是由企业形象、企业声誉、企业凝聚力、组织士气、管理风格等一系列具有文化特征的无形因素构成的一项重要资源。与有形资源相比，其缺乏直接的数量化特征，没有一个客观数据基础，而是以一系列社会形象或文化形象的形式存在于评价者心中，与其载体密不可分。文化资源的形成与发展是其他资源效力发挥的累积结果。这种资源可以迁移到被兼并或被控股的企业和新成立的企业中，企业形象、品牌信誉等还可以从原产品转移到新产品中。

（8）管理资源旨在对企业资源进行有效整合，以实现企业的既定目标。它是企业众多资源效力发挥的整合剂，其本身也是企业一项非常重要的资源要素。管理资源的运用直接影响乃至决定着企业资源整体效力发挥的水平。管理资源应包括企业管理制度、组织机构、企业管理策略。

（9）市场资源是指那些不为企业拥有或控制的，但是因企业自身强大的竞争实力、独特的经营策略和广泛的关系网络而可以为自己所用的资源。在现代经济中，凡是具有经济效益和功能的市场交易都有价值。一般来说，市场资源主要包括以下五种资源。

①关系资源是指企业通过与客户、政府、社区、金融机构等个人或组织之间建立的良好关系所获得的外部资源。其中，客户关系资源尤为重要。企业与客户长期保持良好的合作关系，从而建立起客户忠诚度，使客户成为企业获取强大竞争优势的重要资源。

②杠杆资源是指虽然不属于企业所有，但企业可以通过代工（Original Equipment Manufacture，OEM）生产、特许经营、加盟连锁、虚拟经营等方式为自己所用的资源。这些方式通常以较低的投入撬动更多的资源为企业经营服务。

③社会资源主要指社会中可供自己利用的，能为企业自身带来优势或经营帮助的事件或人物，特别是现实社会中的名人、名物和各种有影响的事件。在现实的经营活动中，许多企业不惜重金聘请名人为自己题字或者做宣传活动，这就是利用社会资源的典型例子。

④历史文化资源是指广泛存在于社会中的各种历史名人、历史故事和文化传说等文化资源。

⑤其他市场资源是除了以上所涉及的可以为企业利用，并形成一定竞争优势或者为企业带来支持、帮助和利益的各种物质或精神形态的东西。

2.企业资源的来源[①]

企业获取竞争优势的前提是拥有异质性和非流动性的资源。因此，企业要想成功，面临的首要任务是如何获取这些资源，并充分利用仿制者的认知限制、时间劣势和经济劣势等难以复制的独立性机制障碍，及早获取租金，以及持续不断地获取新的资源，推动企业向更高、更深层次发展。根据资源的来源和获取方式的不同，我们可以将企业获取资源的方式归纳为以下三种类型：内部培育、合作渗透和外部购并。

（1）内部培育。内部培育是指企业通过自身的长期摸索、学习、创造等方式，积累所需的各种资源。几乎所有的企业在发展过程中都会经历这一过程。需要内部培育的资源主要包括形象资源和部分规则资源，其中企业商誉和企业文化最为典型。在长期的探索过程中，资源及其使用、整合过程都被深深地打上了企业的烙印，使得这些资源成了企业最熟悉、最稳定、最具独特性和不可复制的资源。同时这些资源也是企业最宝贵的财富。

---

① 卜华白，刘昭云.企业战略管理［M］.北京：北京交通大学出版社，2010.

即使有些资源可以被他人部分仿制，但由于没有相应的具有本企业特征的黏滞资源或周边资源与之匹配，因而无法产生协同效应，也就无法为仿制方带来竞争优势。

（2）合作渗透。合作渗透是通过与外界建立正式或非正式的合作关系来获得资源，包括非正式的网络和正式的战略联盟。网络是以专业化联合的资产、共享的资源控制等为基本特性的组织管理方式，是介于市场和层级组织的一种中间性治理结构。它包括基于高度信任、投资于高专用性资产的信任增强网络和基于低信任、投资于低专用性资产的生产网络。信任和使用效率分别是这两种网络中的关键因素。

（3）外部购并。外部购并（收购和兼并，含一般意义上的市场购买）通常采取直接的、一次性的甚至带有侵略性的方式来获得企业所需要的资源。这是企业获取资源和能力的一种最直接、最迅速的方式，尤其是在高速发展的信息社会中，速度竞争已成为企业战略管理的焦点，单纯依靠步步为营、稳扎稳打的战略，已经不能适应时代的发展。因此，企业尤其是高科技企业都竞相采用购并扩张的方式，力求以最快的速度增长，最快地获取发展所需的各种资源和能力。购并可以有效地降低企业进入新行业的结构壁垒，获得靠内部培育很难或需要很长时间才能获得的资源，提高现有资源或新资源的利用效率。购并还可以产生协同效应，包括财务协同效应、经营协同效应和文化协同效应。财务协同效应主要体现在降低资金成本、推动股价上涨等方面；经营协同效应主要体现在效率的改进上，使双方在产品、技术开发、生产、组织结构、供应链关系和战略能力等方面产生共振；文化协同效应则是双方在核心价值观上的相互激发并最终达成共识。这是购并战略成功的最高境界，是一种深层次上的资源融合。只有文化上的协同效应才能将经营协同效应和财务协同效应发挥得淋漓尽致，并能够长期保持下去。

三、企业的核心能力

企业的核心能力是由企业在长期生产经营过程中的知识积累和特殊的技能（包括技术的、管理的等）以及相关的资源（如人力资源、财务资源、品牌资源、企业文化等）有机组合形成的一个综合体系。它是企业独具的，与他人不同的一种能力。

企业持续竞争的源泉和基础在于其核心能力。这一观点由管理科学家哈默尔和普拉哈拉德在 1990 年的《哈佛商业评论》"企业核心能力"一文中提出，并在企业发展和企业战略研究方面迅速占据主导地位，成为指导企业经营和管理的重要理论之一。它的产生代表了一种独特的企业发展视角：企业的发展取决于其所拥有的独特的资源，企业需要围绕这些资源构建自己的能力体系，以实现竞争优势。根据麦肯锡咨询公司的观点，核心能力是指某一组织内部一系列互补的技能和知识的结合，它具有使一项或多项业务达到竞争领域一流水平的能力。这种能力由洞察预见能力和前线执行能力构成。洞察预见能力主要来源于科学技术知识、独有的数据、产品的创造性、卓越的分析和推理能力等；前线执行能力则源于这样一种情况，即最终产品或服务的质量会因前线工作人员的工作质量而发生改变。企业核心能力是企业的整体资源，它涉及企业的技术、人才、管理、文化和凝聚力等各方面，是企业各部门和全体员工的共同行为。

1. 核心能力的种类 [①]

（1）基于整合和协调观的核心能力。该核心能力是组织对企业拥有的资源、技能、知识的整合能力，是一种积累性学识，涉及企业不同生产技巧的协调、不同技术的组合，以及价值观念的传递。通过不断积累核心能力，企业可以很快发现产品和市场的机会，从而获得更多的利润。

（2）基于文化观的核心能力。巴顿等人认为，企业中难以完全仿效的

---

① 陆杉.供应链协同：基于核心能力理论的分析 [J].企业经济，2008.11.

有价值的组织文化是企业最为重要的核心竞争力。他们强调，核心竞争力蕴含在企业的文化中，表现在企业的诸多方面，包括技巧和知识。麦肯锡公司的凯文·科因、斯蒂芬·霍尔等也提出，核心能力是某一组织内部一系列互补的技术和知识的组合，它具有使一项或多项关键业务达到业界一流水平的能力。这一观点强调了核心能力以知识的形式存在于企业的各方面能力中。

（3）基于资源观的核心能力。杰伊·巴尼强调，获取那些潜在租金价值的资源是企业成功的基础，这些资源是保证企业持续获得超额利润的最基本的条件。奥利维尔认为，不同企业在获取战略性资源时，决策和过程上的差异构成了企业的核心竞争力。企业只有获得战略性资源，才能在同行业中拥有独特的地位。

（4）基于技术观的核心能力。帕特尔和帕维特认为，企业的创新能力和技术水平的差异是企业异质性存在的根本原因。梅耶和厄特巴克提出，核心竞争力是企业在研究开发、生产制造和市场营销等方面的能力，并且，这种能力的强弱直接影响企业绩效的好坏。

（5）基于系统观的核心能力。该核心能力是由多方面技能、互补性资产和运行机制的有机结合而构成的。它建立在企业战略和结构之上，以具备特殊技能的人为载体，涉及众多层次的人员和组织的全部职能，因而必须有沟通、参与和跨越组织边界的共同视野与认同。企业真正的核心能力是企业的技术核心能力、组织核心能力和文化核心能力的有机结合。

2.核心能力的特征

企业核心能力的特征实质上是企业能力理论的一般逻辑推理，它表明核心能力是企业具有持续竞争优势的源泉。核心能力至少具有以下三个方面的表现。

（1）核心能力特别有助于实现顾客所看重的价值。

（2）核心能力是竞争对手难以模仿和替代的，故而能取得竞争优势。

（3）核心能力具有持久性，它一方面维持企业竞争优势的持续性，另一方面又使核心能力具有一定的刚性（莱昂诺·巴顿，2000）。

综上所述，核心能力的三大核心特征如下。

（1）价值特征：创造独特价值。核心能力的价值特征包括以下三个方面的内容。

①核心能力在企业创造价值和降低成本方面具有核心地位，其能显著提高企业的运营效率。

②核心能力是实现顾客所特别注重的价值的关键。一项能力之所以被定义为核心，是因为它所带来的益处对消费者来说至关重要。

③核心能力是企业异于竞争对手的原因，也是企业比竞争对手做得更好的原因。因此，核心能力对企业、顾客具有独特的价值，对企业赢得和保持竞争优势具有特殊的贡献。

（2）资产特征：专用性资产。企业的核心能力投资是不可还原性投资，因此可以将其视为一种专门资产，具有"资产专用性"的特征。这种专用性体现在核心能力的积累过程中的自然属性，因为核心能力具有历史依存性，是企业长期积累和学习的结果，也即企业的"管理遗产"。这使得仿制者处于时间劣势，即使他们了解核心能力，由于资源的积累需要一段时间而无法参与竞争（福斯，哈姆森，1998）。核心能力的资产专用性特征对潜在进入者构成了一种进入壁垒，以保护企业的垄断利润；同时，它也对企业本身构成了一种退出壁垒。这种退出壁垒对企业产生一种推动作用，激励企业员工为共同的目标努力。

（3）知识特征：隐性知识。知识可以被分为两大类：显性知识和隐性知识。具有信息特征的显性知识很容易被仿制，而具有方法论特征的知识则相对来说较难仿制。如果一个组织的核心能力必须保持异质性，即完全不能被仿制和替代，那么这些核心能力就必须以隐性知识为主。正因为隐性知识不公开、内容模糊、无法传授、使用中难以觉察而又自成体系的特性（温特，1987），核心能力才具有"普遍模糊"的特点。

3. 核心能力的内部识别

（1）价值链分析。核心能力的价值链分析实际上是以活动为基础的。企业是一个由一系列活动组成的体系，而不是个别产品或服务的简单组合。有些活动的经营业绩好于竞争者，并对最终产品或服务产生至关重要的影响，这些活动可以被称作核心能力（辛德，艾伯伦，1999）。核心能力与活动的一个细微但却重要的差别是：活动是企业所从事的，而核心能力则是企业所拥有的。

价值链分析是一种有效的工具，它可以帮助我们深入理解企业在运营过程中的各项活动，并确定哪些活动对企业赢得竞争优势起到了决定性的作用。此外，它还能指导我们如何将这些活动有机地整合在一起，以构建企业的竞争优势（波特，1997）。通过价值链分析，我们可以识别出那些对企业产品的价值增值起核心作用的活动。这些活动是企业真正的核心竞争力所在。

20 世纪 70 年代后期，美国通用电气有限公司（以下简称 GE 公司）的核心能力主要体现在营销和产品形象方面，而松下公司和无线电设备公司等竞争者对 GE 公司造成了巨大的冲击，因为他们培育了增值较多的活动——松下公司是在零配件方面，而无线电设备公司则是在零售方面。尽管它们提供的产品相似，但是在价值链中，它们的核心价值增值活动各不相同。因此，它们的核心能力也各具特色。

（2）技能分析。从技能角度分析和识别核心能力对企业来说最容易接受和掌握。根据哈默尔和普拉哈拉德的观点，大多数竞争优势源于企业在特定职能上拥有出众技能。例如，能制造出更高质量的产品，有更优秀的销售人员，并且对顾客更体贴、更周到。尽管没有一个业务单位在各种职能上都具有出众的技能，但成功的企业通常在关乎战略的重要职能上具有一定的技能优势。如果这种战略是关于质量的，该企业可能在制造技能或全面质量管理方面具有优势；如果该战略是关于服务的，那么该企业将需要在服务技能方面取得某些优势，如通过设计更优秀的系统或提供更简易的服务产品。

企业要想成功地施展关键业务技能，就必须实施其战略活动，大多数战略活动包括一组关键业务技能，而每一种技能都可以进一步分解为"部件"和"子部件"。部件是实现关键业务技能所需的高标准要素。部件可以分解为子部件，甚至能进一步细分。某些部件对业务技能的总体业绩有较大的影响，我们可以将这些部件称为关键性部件。每一项业务技能的每个部件都依赖于诀窍。关键性部件中诀窍的质量对整体业绩产生巨大影响。在关键性部件中，企业能够开发某些自己特有的诀窍，以及不能被竞争对手广泛使用的技能。通过界定关键业务技能，精确抓住关键部件或子部件，企业可以识别和培育核心能力，从而获得竞争优势。

（3）资产分析。资产的专用性越强，其可占用性准租①的可能性就越大。当缔约成本超过纵向一体化的成本时，企业更倾向于选择内部交易。因此，企业内的专用性投资成了获取和维持准租金的来源。虽然大规模的固定资产投资可以形成进入壁垒并带来超额利润，但这种有形的专用性资产产生的优势容易被模仿，因而难以持久。相比之下，稳定而持续的竞争优势主要来自无形资产的专用性投资，这包括以下内容。

①市场资产：产生与企业和其市场或客户的有益关系，包括各种品牌、忠诚客户、销售渠道、专营协议等。

②人力资产：体现在企业员工身上的才能，包括群体技能、创造力、解决问题的能力、领导能力、企业管理技能等。

③知识产权资产：受法律保护的一种财产形式，包括技能、商业秘密、版权、专利、商标和各种设计专用权等。

④基础结构资产：企业得以运行的技术、工作方式和程序，包括管理哲学、企业文化、管理过程、信息技术系统、网络系统和金融关系等。

---

① 可占用性准租（appropriable quasi rents）这一概念最早是在后契约机会主义（post-contractual opportunistic behavior）中提出的，它是指准租中潜在的可占用的专用部分，是超过下一出价最高的使用者的价值。

人力资产是整个企业运行的基石，市场资产和基础结构资产是企业赢得竞争优势的核心要素，而知识产权资产则能够带来暂时的相对优势。与其说可口可乐公司的核心能力是其独特的配方，还不如说是可口可乐公司成功地赢得了消费者对其秘密配方的信任，这种信任建立在市场资产和基础结构资产等无形资产基础之上。因此，要识别企业的核心能力，我们需要从审计企业的无形资产着手，特别是品牌、渠道、文化、结构和程序等方面。这些因素是企业长期投资、学习和积累的结果，具有难以模仿的特征。

（4）知识分析。正如埃里克森和米克尔森所说的那样，核心能力可以被理解为关于如何协调企业各种资源用途的知识形式。不过，波兰尼关于显性知识和隐性知识的划分，尽管有利于解释企业核心能力难以模仿，但对于企业进行知识分析则显得过于简单。较权威的对知识的分类来自经济合作与发展组织（OECD）。OECD 将知识划分为四种类型：知道是什么的知识（Know-what）；知道为什么的知识（Know-why）；知道怎么做的知识（Know-how）；知道是谁的知识（Know-who）。其中，前两类大致属于显性知识，后两类属于隐性知识。企业知识并不是企业个体所有知识的简单叠加，而是企业能像人一样具有认知能力，将其经历储存于"组织记忆"（organizational memory）中，从而形成独特的知识体系。

4. 核心能力的外部识别

核心能力的识别可以从企业外部着手，即从竞争对手和顾客的角度分析。企业的核心能力主要体现在其提供的产品和服务上，以及这些产品和服务对顾客所看重的价值满足程度。核心能力的外部识别方法有如下两种。

（1）核心能力的顾客贡献分析。顾客贡献分析与价值链分析的主要区别在于，顾客贡献分析是从企业的外部出发的，分析哪些是顾客所看重的价值，而不是从企业内部价值创造的全过程进行分析。从这个角度看，本田公司在发动机方面的技能可以被看作是核心能力，顾客购买本田车的主要原因在于其发动机和传动系统的性能优势：低油耗、易启动、加速迅速等。因此，要识别核心能力就必须弄清：顾客愿意为哪些产品或服务支付更多的钱；哪些价值因素对顾客最为重要，也因此对实际售价产生最大影响。经过如此分析，我们可以初步识别那些能真正打动顾客的核心能力。

（2）核心能力的竞争差异分析。波特（1997）认为，一个企业的竞争优势取决于两个因素：所选择产业的吸引力和既定产业内的战略定位。也就是说，企业要取得竞争优势，一方面要有能够进入具有吸引力的产业的资源和能力，即战略产业要素（strategic industrial factors）；另一方面拥有不同于竞争对手且能形成竞争优势的特殊资产，即战略性资产（strategic assets）。因此，从与竞争对手的差异性角度分析核心能力有两个步骤：①分析企业与竞争对手拥有哪些战略产业要素，各自拥有的战略产业要素有何异同，造成差异的原因是什么；②分析企业与竞争对手的市场和资产表现差异，特别是企业不同于竞争对手的外在表现，如技术开发和创新速度、产品形象、品牌、声誉、售后服务、顾客忠诚度等，识别哪些是企业具有的战略性资产，根植于战略性资产之中的便是核心能力。

5. 企业核心能力测度

企业核心能力测度以企业战略与企业能力理论为基础，借助多种数量分析方法和技术，对企业核心能力的性质、内容、要素及其变化进行多层次、多维度的分析。这种测度有助于企业全面了解自身各方面的能力，明确现有的核心能力，并更好地运用和发挥这些核心能力的优势，从而从中获得最大的收益；有助于企业在对已有核心能力深刻理解的基础上，规划和建立未来的核心能力；有助于企业在发展过程中，不断监测核心能力的增长，以便对企业的战略进行不断的调整和修订，从而实现基于核心能力的可持续成长。

核心能力测度的方法即通常采用指标测算，并结合数量模型分析进行测度。企业核心能力测度指标体系如表3-1所示。

表 3-1 企业核心能力测度指标体系

第一层	第二层	第三层
核心管理能力	高层领导能力	企业家的素质和能力
		高管团队的综合素质和能力
	战略管理能力	战略规划能力
		战略执行能力
	组织管理能力	组织结构的灵活性
		各部门之间的协调性
		信息沟通效率
		组织效率
	人力资源管理能力	员工激励的有效性
		组织集体学习能力
		员工受教育程度
		人力资本开发投入力度
		企业核心人才管理能力
		绩效管理水平
	财务管理能力	偿债能力
		资本运营能力
		盈利能力
		成长能力
	企业文化建设能力	企业远景、使命、核心价值观的科学性
		企业凝聚力
		员工对企业经营决策的认同度
		员工对企业的满意度
	危机管理能力	危机预警能力
		危机控制能力
核心技术能力	技术研发能力	人员和经费投入情况
		技术创新能力
		专利成果发明的数量
		基于核心技术的产品开发能力
		核心技术的含金量
		核心技术的可持续发展能力

（续表）

第一层	第二层	第三层
核心技术能力	生产制造能力	制造技术的先进性
		生产制造的柔性与应变能力
		主导产品的质量控制能力
		制造成本的控制能力
		交货的稳定性和控制能力
核心市场能力	环境整合能力	政策整合能力
		产业环境的适应能力
		合作共赢能力
		企业的美誉度与资信度
	市场营销能力	主导产品的市场占有率
		核心产品的品牌知名度和美誉度
		销售网络覆盖率
		产品推向市场的能力
		售后服务和用户满意度

✎ 文后思考

1. 请举例说明政治环境对企业发展造成的影响。

2. 经济环境涉及的因素有哪些？你能联系当前世界及我国经济发展情况，以某行业为例，分析其中的某个因素对该行业发展的影响吗？

3. 对于企业来说，是宽松的法律环境更有利于发展，还是规范的法律环境更有利于发展？你了解法律体系的分类吗？我国企业的发展更需要什么样的法律环境？

4. 随着自然资源短缺，你觉得这种趋势会给哪些行业带来发展的机遇？你正在或者打算就职于这种类型的企业吗？为什么？

5. 请以某行业为例分析四种类型竞争者。

6. 根据波特的"五力分析模型"做一份企业的竞争环境调研分析报告。

7. 你能根据企业核心能力测度指标体系分析某个企业的核心能力吗?

案例分析

案例1：从三个故事看"绿水青山就是金山银山"理念的贵阳实践

多年来，贵阳坚定践行"绿水青山就是金山银山"这一理念，走出了一条生态美、产业兴、百姓富的可持续发展之路。

乌江库区息烽水域的渔民杨刚为保护生态，退捕上岸后做起了冷冻食品批发生意，年收入6万元；息烽县流长镇宋家寨村打造田园综合体，让荒山变成了金山银山；花溪区久安乡通过发展茶产业，实现了煤山变茶山，茶山变"金山"。

我们要坚持生态优先、绿色发展。如今，在贵阳广袤的大地上，"绿水青山就是金山银山"的理念正在变成现实，一幅百姓富、生态美的美丽画卷正缓缓展开。贵阳正不断在生态文明建设上下功夫，为"强省会"注入更多"绿色动能"。

作为省会城市，贵阳将不断做好绿水青山就是金山银山这篇大文章，让老百姓充分享受绿色发展成果。

一个渔民：退捕上岸开启新生活

每天清晨，在息烽县城中城农贸市场经营冷冻食品批发店的杨刚便开始忙着整理门店、打包食品装车……"现在门店生意挺稳定的，一年至少有6万元的收入，一家人的吃喝用都够了。"对于退捕上岸后的生活，杨刚很满意。

杨刚曾是乌江库区息烽水域的渔民。以前，他有两艘渔船，一家人的生活来源靠捕鱼，年收入可达5万余元。后来，随着捕捞渔船的日渐增多，杨刚捕鱼的收入也在逐年递减。

得知国家要实行长江流域禁捕政策，杨刚决定退捕上岸，并在县城农贸市场中租了一间门面做起了冷冻食品批发生意，成为当地渔民中最早一批转产上岸的人。杨刚说，开展禁捕工作，就是为了保护水生态资源，大家都应该支持。

上岸后，杨刚先是通过县人社部门，申领到了1.8万元的场租补贴。后来，退捕的两艘船还得到了7万元的船网工具回收补贴。杨刚说，他能顺利改行创业，县里的相关职能部门给他提供了许多及时的帮助。

乌江流域在息烽范围内共有2.195万亩。其中，乌江库区2.095万亩，构皮滩库区0.1万亩，涉及小寨坝、温泉、九庄、养龙司、流长、鹿窝共6个乡镇。

自中央、省、市出台禁渔政策以来，息烽县印发方案，全面推进乌江禁渔退捕工作，对乌江有着深厚感情的渔民为了守护乌江生态平衡，纷纷转产上岸。

渔民上岸了，"退得了、稳得住、能致富"是关键。息烽县为禁捕退捕渔民发放养老保险补贴，对转产渔民进行创业指导、就业培训和跟踪服务，确保退捕一户就转产成功一户，推动"十年禁渔"各项工作落到实处、见到实效。

"多年来早已习惯了捕鱼生活，也喜欢这个职业，尤其收入比较稳定。只要把渔网下到河里，总有收获。"杨刚说，"现在通过自主创业，生活比以前更好了。前段时间，我向人社部门申请5000元的自主创业补贴，如果今后出现资金短缺，我还可以申请创业担保贷款20万元。"

如今，息烽县不少渔民退捕上岸后还自愿成为乌江的"守护者"。盛夏时节，站在乌江库区息烽水域旁，放眼望去，江面波光粼粼，微风吹来，泛起朵朵浪花。乌江的水越来越清，前来游玩的游客也越来越多。

一片荒山：农业生态园捧热乡村旅游

"这块是采摘区，以种植柑橘为主，还配种了4亩草莓、100亩樱桃、2亩火龙果。"

"这块是观光区，将打造以田园风为主的婚纱摄影基地，我们已初步与近60家婚纱影楼达成合作意向。"

……

在息烽县流长镇宋家寨村产业基地，贵州狮子脑农业生态园董事长丁光明滔滔不绝地介绍道。

宋家寨村党支部书记宋江介绍，以前的宋家寨村，祖祖辈辈种苞谷。后来，大家外出打工，如此一来，土地变成了荒土荒山，"沉睡"在大山深处。这也正是息烽县广大农村共同面临的问题。

如何让土地变一番模样，让村民换一种活法？近年来，息烽县纵深推进农村产业革命，围绕"3+N"产业选择，引进169家经营主体参与产业结构调整，贵州狮子脑农业生态园便是其中一家。

乘着产业发展的东风，宋家寨村大力完善路和水两大基础设施，修建了都格高速流长下道口至宋家寨村环线、组组通公路、园区生产道路和观光道路，以及饮用水和灌溉用水高位水池、灌溉水塘，彻底解决了乡村道路交通、安全饮水和生产灌溉用水问题。

路通了，经营主体来了，宋家寨村的这片土地也"苏醒"了。宋家寨村告别了低效农作物，通过农旅融合的模式，捧热了乡村旅游，加速了村子发展步伐，昔日的荒土荒山，真正变成了让老百姓致富的金山银山。

站在狮子脑农业生态园南面的观景台上俯瞰宋家寨村，民房错落，道路宽阔，田垄规整，目之所及，满眼翠色，俨然一幅田园风景图。

目前，狮子脑农业生态园种植面积由300余亩发展到了600余亩，覆盖全村6个村民组，为80余名村民提供了就业机会，每人每月可增收2000元。2020年，园区的柑橘初挂果，产量约8000斤。同时，还带动部分村民种植猕猴桃、刺梨、花椒等，全村发展果树种植1600余亩，实现了产业全覆盖。

产业发展让往日萧条的宋家寨村焕发出新的活力，以前常年在外打工的村民也纷纷回乡发展，参与园区的管理和生产，在家门口实现就业，收入也大大提升。据介绍，宋家寨村的人均年收入已从 2016 年的 5 000 元左右增长到 2020 年的 2 万元。

"我在这里干活，一年的收入有 3 万多元，以前全家人的收入加一起都没这么多。"村民丁云满长期在园区务工，他对生活充满希望。

在宋家寨村村口，有一座势如山峰、形似流水的金色雕塑。"这个雕塑名叫'绿水青山'，寓意着我们村通过农村产业革命，农旅一体化发展，将绿水青山变为金山银山，走出了一条绿色生态的致富新路。"宋江说。

一个煤乡："茶文旅融合"实现美丽蝶变

每逢采茶时节，花溪区久安乡久安村村民吴发琼每天早上都会挎着竹篓赶往高标准生态茶园采茶。"我在茶园采茶，每天有 180 元收入。之前，村民们靠挖煤为生，像我这种搬不动煤块的，就只能种点传统农作物。"吴发琼说。

自从家乡种上了茶树，吴发琼就在家门口当上了采茶工人。2021 年 3 月，吴发琼参加了花溪区 2021 年采茶技能培训及采茶比赛，凭借娴熟的采茶技艺获得第一名。她说，自从吃上"茶叶"饭，生活越来越有盼头了。

久安乡地处阿哈湖上游，曾是个煤炭开采历史长达百年之久的煤乡。曾几何时，乡财政收入的 80% 以上来自煤炭产业。但过度开采，也让久安的生态环境遭到严重破坏。

2010 年，为保护贵阳市民的"水缸"，久安乡实施了"关停煤窑、治理生态、恢复植被、拆违控违、污水治理"策略，并结合贵阳建设全国生态文明示范城市和花溪区创建国家生态文明示范区的部署，依托当地的 5.4 万余株古茶树资源，探索出了一条"茶文旅一体化"的发展路子。

项朝富是久安村村民，曾担任猫冲煤厂矿长的他，就是当地"黑转绿"的先行者之一。他说："一开始种茶没有效果，什么都不懂。贵茶公司进入久安乡后，我们参与生产，时间长了，学到很多炒茶的工艺。"从"挖煤人"变身为"制茶师"，项朝富现在每年的毛收入在 30 万元左右。

久安乡通过以贵州贵茶公司为代表的龙头企业的带动，将当地原本粗放、量小、种植缺乏技术标准、生产效率低下的茶叶种植散户整合起来，并解决了资金、人才和技术等问题，通过"公司＋基地＋集体＋农户"模式，打造了 2.2 万亩高标准生态茶园，带动全乡 3 200 余户 1.2 万余人增收。

同时，久安乡积极践行"绿水青山就是金山银山"的理念，通过深挖当地的茶文化和民俗文化，实施"产业＋文化＋旅游"的战略，带动村民走上了一条以文促旅、以旅兴茶的"茶文旅融合"发展道路，实现了"煤山变茶山，矿工变茶农，茶区变景区"的华丽转身。

"截至目前，全乡已有 1/3 的村民参与了茶树种植，2020 年人均增收 1 000 余元。贵茶公司开发的久安千年红、久安千年绿古茶及红宝石、绿宝石等知名品牌，已远销德国、美国、法国、加拿大等 10 余个国家和地区。"久安乡党委书记王明友说。

通过发展茶产业，筑牢生态屏障，做强生态产业，做优绿色经济。如今，规模化、标准化、产业化发展的绿色茶产业已成为拓宽久安乡农村群众致富路的特色产业和生态产业，久安乡先后获得"贵州十大最美茶乡""全国造林绿化百佳乡""中国高原古茶树之乡"等荣誉称号。

案例 2：和美国前总统奥巴马做邻居

美国前总统奥巴马在他当上总统后不久，就离开芝加哥老家，偕妻子米歇尔和两个女儿入住白宫。面对多家媒体的采访，奥巴马曾深情地表示，他非常喜欢位于芝加哥海德公园的老房子，等任期结束，他还会带着家人回去居住。这个消息可让比尔高兴坏了，因为他是奥巴马的老邻居。

比尔曾经和人打赌，他信誓旦旦地说自己到了 2010 年，一定会成为百万富翁，眼看期限只剩 1 年了，他的目标还远未实现。现在，机会终于来了。他的房子因奥巴马而身价百倍。能和全世界最著名的人物之一——美国总统奥巴马做邻居，这是多么难得的事情呀！因此，他满怀希望地将自己的房子交给中介公司出售。

为了推销自己的房子，比尔还特意建了一个网站，全方位介绍他的住宅：这幢豪宅拥有17个房间，近600平方米，非常实用舒适。更重要的是，奥巴马曾经多次来此做客，还在他家的壁炉前拍过一个竞选广告。这是一幢已经被载入史册的房子！比尔相信，有了这些卖点，他的房子一定能卖出300万美元以上的高价。

不出所料，这个网站很快就有几十万人点击浏览，然而，让比尔大跌眼镜的是，关注房子的人虽多，但没有一个人愿意购买。到底是什么原因让买家望房却步呢？

为了弄明白究竟是怎么回事，比尔仔细地查看了网站上的留言。原来，大家担心买了他的房子之后，就会生活在严密的监控之下。是呀，奥巴马和他的妻女虽然都去了白宫，但这里依然有多名特工在保护奥巴马的其他家人，附近的公共场所也都被密集的摄像头覆盖。只要出了家门，隐私权就很难得到保护。

更要命的是，等奥巴马届满回来之后，各路记者肯定会蜂拥而至。那时，邻居们的生活必将受到更严重的干扰。到那时，每天出入这里，恐怕都将受到保安和特工像对待犯人那样的检查和盘问。这样的居住环境，跟在监狱又有什么区别呢？就连朋友们，估计也会因为怕麻烦而不敢上门了！

就这样，过了一年多，房子依然没卖出去。比尔非常焦虑，他此前向家人承诺过，房子卖出后就全家一起去度假，但一直到现在还不能兑现诺言。他和朋友打的赌眼看就要输了，正在这时，一个叫丹尼尔的年轻人找到了他。丹尼尔告诉比尔想买房的原因，他和奥巴马一样，都有黑人血统。奥巴马是他的偶像，不过，他还从未和奥巴马握过手。如果他买下这里，就有机会见到奥巴马了。

房子终于有买主了，比尔激动得差点掉泪。虽然丹尼尔非常愿意买比尔的房子，但问题是，他支付不起太多的钱。比尔好不容易遇到一个买主，当然不愿轻易放过，他做出了很大的让步。最后，两人签下了如下协议：

丹尼尔首付 30 万美元，然后每月再付 30 万美元，在 5 个月内付清 140 万美元。房子则在首付款付清后，归丹尼尔所有。

比尔很高兴，虽然房子的最终售价远远低于当初他期望的 300 万美元，但 20 多年前，他买下此房时，只花了几万美元，因此还是赚了。何况，上了年纪的他早想落叶归根，搬回乡下的农庄了。

拿到首付款后，比尔给丹尼尔留下了自己的账号，然后带着家人出去旅游了。出发那天，他得知丹尼尔将房子抵押给银行，贷了一笔款。等半个多月后回来，比尔发现丹尼尔竟将这栋豪宅改造成了幼儿园。原来，丹尼尔本来就是一家幼儿园的园长，因此在这里办个幼儿园不是难事。

当房子的用途从居住改为幼儿园之后，那些过于严密的监控就显得很有必要。这个毗邻奥巴马老宅的幼儿园，成了全美最安全的幼儿园。不少富豪都愿意把孩子送到这里来。

为了给幼儿园做推广，丹尼尔还联系了不少名人来给园里的孩子们上课。这些名人中有不少是黑人明星，他们为奥巴马感到骄傲，也为能给奥巴马隔壁的幼儿园讲课而激动，再加上这里是记者们时刻关注的地方，来这里与孩子们交流，自然能增加曝光率，因此名人们都很乐意接受丹尼尔的邀请。

第一个月，丹尼尔用收到的首期学费轻松地支付了比尔 30 万美元。幼儿园开张两个月后，奥巴马抽空回老家转了一圈，顺便看望了一下他的新邻居们，这下，丹尼尔幼儿园更加有名。越来越多的名人主动表示愿意无偿来与孩子们交流。有很多家长打电话想让自己的孩子来此受教育，为此多付几倍的学费他们也乐意。

很多广告商也开始争先恐后地联系丹尼尔，他们想在幼儿园的外墙上做广告，这里的曝光率实在太高了，不做广告太可惜了。为此，丹尼尔打算进行一次拍卖广告墙的活动。想来参加竞标的品牌很多，但像烟、零食、酒这样的广告，无论出多少钱，丹尼尔都不允许他们参加竞标。

5 个月后，比尔就收齐了 140 万美元的房款，终于在 2010 年年末如愿以偿地成了百万富翁。不过，比尔明白，这场交易中，最大的赢家并不是自己，而是奥巴马的新邻居——幼儿园园长丹尼尔。

案例讨论

1. 根据案例 1 和你的认识，分析"绿水青山就是金山银山"这句话。
2. 请选择企业对待环境应持有的态度（　　）。

    A. 被动适应　　　　　　B. 选择与放弃　　　　　　C. 改造

    A、B、C 选项分别适合什么样的企业？若想实现对环境适应、选择、放弃与改造的目标，企业应怎么做呢？

第四章

市场调研与分析

导读

"知己知彼，百战不殆。"

对于市场环境的重视归根结底要落实到市场调研上。环境不会主动告诉你它如何变化，消费者不会主动告诉你他什么时候开始喜欢什么样的产品？市场调研的过程就是了解消费者、了解市场的过程。

但是现实中很多企业对市场调研并不重视，这可能是因为：第一，市场调研需要投入一定的成本，寻求高质量研究结果的成本可能会更高；第二，很多企业认为即使没有进行市场调研，自己的产品也能在市场上销售。殊不知，市场调研的投入会使企业避免陷入销售陷阱，而有效的市场调研更能帮助企业在商海中顺利航行。对于一些没有经过市场调研就进行产品销售并取得了一定成绩的企业来说，虽然不排除一次成功的可能性，但是当企业需要进一步发展时，就会发现没有进行过市场调研的企业就像一艘丢失罗盘的航船，失去了发展方向。即便他们盲目前进，也往往会遭遇挫折。有人说，"靠运气赚到的钱总有一天会靠实力亏掉"。与企业在后期遇到困难时的损失相比，市场调研的成本投入是微不足道的。但是，什么是有效的市场调研？市场调研结果是否与市场环境相匹配，是否真正反映了市场的实际情况？这就需要进行正确的市场调研及后期有效的调研结果分析。

学习目标

➢ 认识市场调研的必要性。
➢ 了解市场调研的正确执行方法和分析方法。

第一节　市场调研的必要性

在开展任何工作之前，我们都需要了解所处的工作环境，以及所处位置的目标和对象。此外，在了解自己的同时，也需要了解竞争对手，并调整自己在竞争中所处的位置。为了实现这些目标，我们可以采用多种方式进行调研，其中市场调研是一种非常有效的管理措施。

市场调研能够有效提升市场营销效果，为企业提供准确的数据支持。在环境不确定的情况下，只有通过收集并分析大量的信息，才能做出正确的决策。因此，调研人员在调研之前需要厘清思路，提出需要调研的问题，明确人员的分工。

市场调研是一种通过信息将消费者、顾客与营销者连接起来的方法。市场调研所得到的信息比较真实，能用于发现营销机会，也能发现营销过程中产生的问题，进而修改和评估营销活动，监督营销绩效，改变顾客对营销过程的认知。简单地说，市场调研是指对与营销决策相关的数据和信息进行规划、收集和分类、分析，并与营销者就分析结果进行沟通的过程。

　　市场调研对企业市场营销的必要性主要体现在如下两个方面。首先，市场调研是市场营销的初衷。产品策略、价格策略、渠道策略、促销策略是构成市场营销活动的四大支柱。市场调研是先导，产品策略、价格策略、渠道策略、促销策略必须以市场调研为出发点。只有做市场调研，才能提供决策的事实依据。其次，市场调研有助于完成企业营销管理目标。因为市场营销管理方案的主要任务是发现消费者的最新需求，敏锐地捕捉到市场机会，并制定与之相适应的营销方案和策略来满足消费者的需求。换言之，就是发现营销问题和解决营销问题。市场调研就是发现营销问题，而其成功与否，在于如何解决营销问题。解决营销问题在很大程度上依赖于市场调研活动的开展。

　　一方面，常见的市场商品愈加饱和，业绩增长的空间愈渐狭小。在很多行业、很多产品种类中，市场占有率的竞争越来越激烈。这在某种程度上将改变市场调研的方式与目标。另一方面，时代的变迁，促使市场也在迅速变化发展，迫使企业加快市场调研的速率，因而市场调研方案也须进一步完善。

　　市场上新产品越来越多，产品更新换代的速度也越来越快。新产品在上市后的三年内失败的可能性显著增加，其失败的代价也随之升高。因此，企业若未进行充分的市场调研，其生存难度将大大增加。尤其是在趋于饱和的普通消费品市场中，新进入者更难以求得立足之地。这就迫使营销人员和管理者通过及时的市场调研来降低日益增加的各项成本。

　　消费者消费行为的多变性、市场的扩大，以及产品的多样化，都使消费者在信息获取和决策方面变得更加精明和富有经验。这是由信息的时效性、真实性所决定的，并非所有的有效信息都可以通过市场调研获得。此外，在大多数市场调研中，由于受抽样方法及环境等因素的影响，可能存在一定程度的误差。

　　综上所述，在现代市场环境分析中，市场营销对于任何一个企业都至关重要，关乎企业的兴衰，而市场调研是营销决策的重要依据和根本出发点，是营销系统中必不可少的一个环节，占据十分重要的地位。随着我国经济的发展和世界经济一体化进程的推进，各行各业在迎来更多市场机遇的同时，也将面临更为激烈的市场竞争和挑战，因此营销人员要学会科学地认识和分析市场，了解和满足消费者的需求，以在竞争中求得生存和发展。任何一个企业都必须认识到市场调研的重要性，把握住市场调研这一重要工具，避免踏入市场调研的误区。市场调研在市场营销中起着根本性的重要作用，企业必须予以重视，如加大对市场调研的投入，不断积累经验，逐步规范和提高市场调研的能力与质量，这样才能为企业的市场营销打好基础，做好准备，才能保障企业市场营销执行的效果，使企业在竞争中占据有利地位，从而促进企业的经营和发展。

第二节　市场调研工作的步骤

市场调研工作必须按计划、分步骤进行，以防止调研的盲目性。一般来说，市场调研可分为四个阶段：调研前的准备阶段、正式调研阶段、综合分析资料阶段和提出调研报告阶段。

一、调研前的准备阶段

对企业提供的资料进行初步分析，找出问题存在的征兆，明确调研课题的关键和范围，以选择最主要也最需要调研的目标，制定出市场调研方案。

市场调研方案的内容主要包括市场调研的内容、方法和步骤，调研计划的可行性、经费预算、调研时间等。

二、正式调研阶段

市场调研的内容和方法有很多，因企业现实情况而异。

市场调研的内容综合起来分为如下四类。

（1）市场需求调研，即调研企业产品在过去几年中的销售总额，现在市场的需求量及其影响因素，特别要重点进行购买力调研、购买动机调研和潜在需求调研，其核心是寻找市场经营机会。

（2）竞争对手情况调研，包括竞争对手的基本情况、竞争能力、经营战略、新产品、新技术开发情况和售后服务情况，还要注意潜在的竞争对手。

（3）本企业经营战略决策执行情况调研，如产品的价格、销售渠道、广告及推销情况、产品的商标及外包装情况、存在的问题及改进情况。

（4）政策法规情况调研，政府政策的变化及法律法规的实施，都对企业有重大影响，如税收政策的变化、银行信用情况的波动、能源交通状况的发展、行业限制的调整等。

市场调研的方法可分为两大类：统计分析研究法和现场直接调研法。统计分析研究法是一种在室内对各种资料进行研究的方法，其前提是对已有的统计资料和调研资料进行系统研究与分析。一般来说，这种方法在生产资料市场的研究中较为常见，而消费资料市场的研究则以现场调研为主。现场直接调研法又可细分为三种类型。（1）询问法，包括当面询问、座谈集体询问、电话询问、信函询问等。（2）观察法，包括到销售现场观察、到生产现场观察等。（3）试验法，则是向市场投放部分产品进行试销，以观察消费者的反应，从而检验产品的品种、规格、款式是否对路，价格是否适中等。

三、综合分析资料阶段

在统计分析研究和现场直接调研完成后，市场调研人员将获得大量的一手资料。为了充分利用这些资料，首先要对它们进行编辑和筛选，挑选出与研究主题相关且具有重要价值的资料，同时剔除那些无参考价值的资料。其次要对这些精选资料进行编组或分类。最后要通过适当的表格展示这些相关资料，以便说明问题或从中发现某种典型的模式。

四、提出调研报告阶段

通过对调研材料的综合分析和整理，我们可以根据调研目的编写一份调研报告，从而得出有价值的调研结论。值得注意的是，调研人员不应当把调研报告看作是市场调研的结束，而应继续关注市场情况变化，以检验调研结果的准确性，并发现市场新的趋势，为未来的调研工作打好基础。

第三节 市场调研的方法

一、观察法

观察法是一种直接获取第一手资料的调研方法。市场调研人员可以选择去商店、展销会等目标明确且消费者密集的场所，通过使用照相机、录音笔或者记录笔记的方式，身临其境地进行记录和观察，以获得重要的市场信息。

观察法是现代市场调研中最基本的调研方法，具有真实性、客观性的特征。

观察法的不足之处体现在以下三个方面。第一，观察法仅能获取表面性的资料，无法深入探究问题的原因、态度和动机等更深层次的内容。另外，由于受时空等条件的限制，观察法只能观察到正在发生的动作和现象，而无法了解尚未发生或即将发生的事情。第二，调研人员必须具备较强的业务能力和敏锐的洞察能力，因为观察法注重时机的选择，要求调研人员能够抓住时机，并及时获得所需的资料。同时调研人员还需要具备良好的记忆力。第三，采用观察法通常需要花费较高的调研费用和较长的观察时间。因此，为了更好地开展市场调研工作，建议将观察法同其他调研方法结合起来使用。

二、问卷法

问卷法是指通过设计问卷的方式向被调研者了解市场情况的一种方法。这种方法具有广泛的适用性和实用性。按照调研人员分发问卷的途径不同，问卷法可以分为当面调研、邮寄调研、电话调研、留置调研、网络调研等。

当面调研，即调研人员和被调研人员面对面进行问卷调研，按事先设计好的问卷，有顺序地依次发问，让被调研者回答。

邮寄调研，即将事先设计好的调查表投寄给调查对象，要求其填好后寄回。

电话调研，即调研人员按照事先设计好的问卷，通过打电话的方式向被调研者询问或征求意见的一种调研方法。其优点是获取信息快，节省时间，回答率较高；其缺点是询问时间不能太长。

留置调研，即调研人员将问卷或调研表当面交给被调研者，由被调研者事后自行填写，再由调研人员在约定时间收回的一种调研方法。这种方法可以留给被调研人员充分的独立思考的时间，避免受调研人员倾向性意见的影响，从而减少误差，提高调研质量。

网络调研，即基于互联网系统地进行营销信息的收集、整理、分析和研究，以及利用各种搜索引擎寻找竞争环境信息、客户信息、供求信息的一种调研方法。其具有及时性、共享性、准确性、交互性、经济性、可控制性和无时空限制的特点。

问卷法的优点有很多，其不受时空限制的特点使得调研人员可以在广泛的空间范围内，同时调研众多被调研者。由于问卷法具有节约资源的优点，使其成为被调研人员普遍使用的调研方式。问卷法是可匿名的，这有助于降低调研过程中可能出现的误差，避免实名制度对被调研人员的干扰。

但是问卷法也存在一定的弊端，如回收率低，以及对被调研人员的学历和文化素质要求较高。为了确保问卷结果的有效性，调研人员需要进行多方面因素对照，只有这样才能确认是否达到标准。

三、访问法

访问法可以分为结构式访问、无结构式访问和集体访问。

结构式访问是根据事先设计好的、具有一定结构的调查问卷对被调研人员进行访问的方法。调研人员要按照事先设计好的调查表或访问提纲进行访问，并用相同的提问方式和记录方式进行信息收集。此外，提问的语气和态度也应尽可能保持一致。

无结构式访问没有统一问卷，调研人员与被调研人员可以自由交谈。这种方法可以使调研人员与被调研人员根据调研的内容，进行广泛的交流。例如，针对商品价格的交谈，以了解被调研人员对价格的看法。

集体访问是通过集体座谈的形式来听取被调研人员的想法，以收集信息资料。其可以分为专家集体访问和消费者集体访问两种类型。

第四节　市场调研问卷的设计

市场调研问卷作为一种高效的信息收集手段，其设计工作在调研前期占据着举足轻重的地位。问卷设计是否科学合理，通常决定着调研问卷的回收率、有效率，甚至关系到市场调研活动的成败。问卷设计的关键性意义就是问卷的科学性与合理性。

设计问卷的目的是协助企业更好地收集市场信息，充分了解顾客心理，做出符合市场需求的判断。因此，在问卷设计过程中，首要任务是明确调研的目的和要求，确保企业能够准确把握所需的信息。同时，要确保被调研者充分配合，提供准、有效的信息，可以采用适当的鼓励方式，提高被调研者的积极性。

问卷调研具体可分为如下几个步骤。第一步，首先根据调研的目的和要求，确定所需的信息资料，然后在此基础上进行问题的设计与筛选，保证提出的问题是最有价值的、最高效的。第二步，确定提出问题的顺序。一般问卷调研会先将简单的、只需要回答"是"或者"否"的问题放在前面，带动被调研者的情绪，然后循序渐进地提出难度较大的、需要被调研者说出真实想法的问题。问题的顺序要有关联、合乎逻辑，使被调研者产生兴趣并且配合调研工作。第三步，问卷的测试与修改。在问卷用于实地调研之前，先随机初选小部分调研对象进行问卷测试，然后根据实践中发现的问题对问卷进行修改、补充和完善。

问卷设计的过程是由一系列相互关联的工作步骤构成的，旨在使问卷科学严谨、规范可行。

一、确定调研目的和问题

市场调研经常是新产品开发的专家做决策时，由于所需信息不足而发起的。在一些企业中，经理负责评价所有资料，以确认所需信息是否收集齐全，是否科学有效。在另外一些企业中，市场研究部门被赋予了所有市场调研活动的执行权，包括一手资料和二手资料的收集。

尽管市场研究项目可能是品牌经理发起的，但受这个项目影响的每个人，都应当一起讨论究竟需要什么类型的数据。询问的目标应当尽可能精确、清晰，然后将讨论结果交给调研人员。如果这一步得以妥善处理，后续步骤将更加顺利且有效。

二、确定收集信息的方法

获取信息的方式多种多样，其中包括街头随机拦截访问、电话访问、邮寄调研和网络调研。每种方法在问卷设计上都有不同的要求。例如，街头拦截访问有着时间上的限制，被访者会因时间关系选择中断访问。电话访问则需要调研人员具备良好的口头表达能力，以便准确描述问题并确保应答者理解了正在讨论的内容。邮寄调研由于不受时间的限制，被调研者有充足的时间作答，但同时也存在回收率低的问题。网络调研则对问卷设计提出了更高的要求，由于访问人员不在现场，因此问卷需要设计得非常清楚，并且内容相对较少。

三、确定回答问题的形式

问题的形式可以设计为开放式问题、封闭式问题和量表应答式问题。

（1）开放式问题是指被访者可以自由地回答和解释自己的想法的问题类型。也就是说，调研人员对被访者的回答不会有任何限制。

例如，您对我们的民营航空公司有什么意见或者建议？

（2）封闭式问题是需要被访者回答一系列问题中的某一专项问题。

例如，您在购票的时候会选择民营航空公司的机票吗？ A. 会　B. 不会

（3）量表应答式问题。

例如，您对我们民营航空公司的票价、服务及准点率是否满意（在表4-1 相应位置打"√"）？

表 4-1　对民营航空公司的评价

因素	非常满意	满意	一般	不满意	非常不满意
票价					
服务					
准点率					

四、确定问题的措辞

（1）用词必须准确、清晰，不用模棱两可的词汇。

（2）避免使用诱导性的语言，以防止将被访者的思维引导到某个特定的方向。

（3）要考虑被访者回答问题的能力，不要提超出被访者理解能力的问题。

（4）要考虑被访者回答问题的意愿，不要问让被访者感到勉强的问题。

五、确定问卷的流程和编排方式

问卷不可以随意编排，任何部分的位置安排都需要遵循一定的逻辑性。经验丰富的市场研究人员深知问卷设计是建立访谈双方联系的关键。只有访谈双方的联系紧密，访问者才可能得到相对完整的访谈信息。

六、评价问卷和编排

一般问卷草稿设计好后，问卷设计人员应对其进行批判性评估。如果每个问题都是经过深思熟虑的产物，那么这一步骤或许显得可有可无。但是，考虑到问卷所起的关键作用，这一步将是必不可少的。在问卷评估过程中，问卷设计人员应当遵循以下原则。

（1）问题的设置是否必要？

（2）问卷的内容是否合适？

（3）问卷是否涵盖了调研目标所需的信息？

（4）邮寄及自填问卷的外观设计是否得体？

（5）开放性问题是否留足空间供受访者回答？

（6）问卷说明部分是否使用了明显易读的字体？

七、获得认可

草稿的复印件应被分发到直接有权管理这一项目的各部门。实际上，营销经理在设计过程中可能会不断加入新的信息、要求或关注点。不管经理什么时候提出新要求，频繁的修改是必要的。即使经理在问卷设计过程中已经多次加入新内容，获得各方面的认可仍然是必要的。经理的认可表明了其想通过具体的问卷来获得信息。如果问题未被提及，数据将无法被收集。因此，问卷的认可再次确认了决策所需要的信息及其获得途径。

八、预先测试和修改

在管理层最终认可问卷后，进行预先测试是至关重要的步骤。在未经过预先测试的情况下，任何正式的调查问卷都不应该被执行。通过预先测试，我们可以发现问卷中可能存在的错误解释、不连贯的问题、不正确的跳跃模型等不足之处。同时，我们还可以寻找封闭式问题中可能缺失的选项，以及受访者对于问题的一般反应。此外，预先测试的形式应当与最终的访问形式保持一致。如果访问形式是入户调研，那么预先测试亦应采取入户的方式进行。

在预先测试完成后，我们需要对问卷进行必要的修改和优化。在进行实地调研前应当再次获得各方的认可。如果预先测试导致了问卷的大幅度改动，那么我们需要进行第二次的测试。

九、预备最后的问卷

在打印问卷时，我们必须精确地安排空间、数字和预先编码。此外，还需要对整个过程进行监督和校对。如果问卷需要特殊处理，如折叠或装订，也应提前考虑并安排。

十、实施

填写完的问卷为市场决策提供了基础信息。问卷可以采取不同的数据收集方法，并配合一系列的形式和过程，以确保数据正确地、高效地、以合理的费用进行收集。

第五节　市场调研问卷的执行

一、样本单位数量的确定原则

通常情况下，确定样本量需要考虑的因素包括调查的目的、性质和精度要求，以及实际操作的可行性、经费承受能力等。根据我们的调查经验，对样本量要求比较严格的市场潜力和推断等的调查所需的样本量比较大，而对于广告效果等差异不大或对样本量要求不是很严格的调查，样本量相对可以小一些。实际上，确定样本量大小是比较复杂的问题，既需要有定性的考虑，也需要有定量的考虑。从定性的角度考虑，决策的重要性、调研的性质、数据分析的性质、资源、抽样方法等都会影响样本量的大小。但是这只能作为确定样本量大小的基本原则，具体确定样本量还需要从定量的角度考虑，主要取决于以下因素。

（1）研究对象的变化程度，即变异程度。

（2）要求和允许的误差大小，即精度要求。

（3）要求推断的置信度，一般情况下，置信度为95%。

（4）总体规模的大小。

（5）抽样的方法。

也就是说，研究的问题越复杂，差异越大，样本量要求越大；要求的精度越高，可推断性要求越高，样本量也越大。同时，总体规模越大，对样本量的需求也会相对增加，但这种增加呈现出一定的对数特征，而不是线性关系。抽样方法决定设计效应的值。如果我们设定简单随机抽样的设计效应的值为1，那么由于分层抽样的效率高于简单随机抽样，其设计效应的值会小于1。更适当的分层将有助于减小层内样本的差异，从而使得设计效应小于1的幅度更大。反之，多阶抽样由于效率低于简单随机抽样，其设计效应的值会大于 1。因此，抽样调查方法的复杂程度直接决定了样本量的大小。对于不同城市，如果总体数量不确定或很大，进行推断时，调研往往要求大城市多抽，小城市少抽，但实际上，在大城市抽样太多会造成资源的浪费，在小城市抽样太少则没有推断价值，因此需对样本量进行适当调整。

二、样本量的确定方法

根据相关公式检验结果，当误差和置信区间一定时，不同的样本量计算公式计算出来的样本量是十分相近的。因此，我们完全可以使用简单随机抽样计算样本量的公式估计其他抽样方法的样本量，这样可以更加快捷方便，然后将样本量根据一定的方法分配到各个子域中去。因此，区域二相抽样不能计算样本量的说法是不科学的。

1. 简单随机抽样

（1）平均数类型的变量。若已知数据为绝对数，我们一般根据下列步骤来计算所需的样本量。首先，我们需要明确调查结果的精度（E），期望调查结果的置信度（Z），总体的标准差估计值 σ 的具体数据，以及总体单位数（N）。然后，我们可以使用计算公式来计算样本量：$n=\sigma^2/(E^2/Z^2+\sigma^2/N)$。特殊情况下，如果总体规模很大，我们可以将计算公式简化为：$n=Z^2 \cdot \sigma^2/E^2$。

（2）百分比类型的变量。若已知数据为百分比，我们一般根据下列步骤计算所需的样本量。首先，我们需要明确调查结果的精度值百分比（E），置信度（Z），比例估计的精度，即样本变异程度（P），以及总体单位数（N）。然后，我们可以使用计算公式来计算样本量：$n=P(1-P)/[E^2/Z^2+P(1-P)/N]$。同样，特殊情况下如果不考虑总体规模，我们可以将计算公式简化为：$n=Z^2 \cdot P(1-P)/E^2$。

一般情况下，我们无法确定 P 的取值，则取其样本变异程度最大时的值为 0.5 作为 P 的值。

2. 样本量分配方法

我们获得了采用简单随机抽样公式计算得到的样本量，总的样本量需要在此基础上乘以设计效应的值得到。由于样本总量已经确定，我们可采用总样本量固定方法来分配样本。这种方法包括按照比例分配和不按照比例分配两类。在实际工作中，我们首先计算并确定总样本量，然后将其逐级分配。如果不清楚规模和方差等概念，一般采取比例分配法或者比例平方根分配法。如果有一定辅助变量可以使用，我们还可以考虑采用按照规模分配法来分配样本量。

3. 样本量和总体大小的关系

在误差、置信度和抽样比率一定的情况下，样本量会随着总体大小的改变而变化。但是，当总体较大时，样本量的增加对总体的影响变得不明显；当总体较小时，样本量的增加对总体的影响变得明显。可见二者之间的变化并非呈线性关系。因此，样本量并不是越大越好，我们应该综合考虑多种因素。

第六节 市场调研问卷测试

为了保证问卷具有较高的可靠性和有效性，在形成正式问卷之前，我们应当对问卷进行试测，并对试测结果进行信度和效度分析，根据分析结果筛选问卷题项，调整问卷架构。信度和效度分析的方法包括逻辑分析和统计分析，本书主要讨论后者。

一、信度分析

信度（Reliability）即可靠性，是指采用同样的方法对同一对象重复测量时所得结果的一致性程度。信度指标多以相关系数表示，大致可分为三类：稳定系数（跨时间的一致性）、等值系数（跨形式的一致性）和内在一致性系数（跨项目的一致性）。

信度分析的方法主要有以下四种。

1. 重测信度法

这一方法是用同样的问卷对同一组被调研者进行间隔一定时间的重复试测，计算两次试测结果的相关系数。显然，重测信度属于稳定系数。重测信度法特别适用于事实式问卷，如性别、出生年月等在两次试测中不应有任何差异，大多数被调研者的兴趣、爱好、习惯等在短时间内也不会有十分明显的变化。如果没有突发事件导致被调研者的态度、意见发生突变，这种方法也适用于态度、意见式问卷。由于重测信度法需要对同一样本试测两次，被调研者容易受各种事件、活动和他人的影响，而且间隔时间长短也有一定限制，因此在实施中有一定困难。

2. 复本信度法

复本信度法是让同一组被调研者一次填答两份问卷复本，计算两个复本的相关系数。复本信度属于等值系数。复本信度法要求两个复本除表述模式不同外，在内容、格式、难度和对应题项的提问方向等方面要完全一致，由于在实际调研中，很难达到这种要求，因此采用这种方法的人较少。

3. 折半信度法

折半信度法是将调研项目分为两个部分，并计算两个部分得分的相关系数，从而估计整个量表的信度的方法。折半信度属于内在一致性系数，测量的是两半题项得分间的一致性。这种方法一般不适用于事实式问卷

（如年龄与性别无法相比），常用于态度、意见式问卷的信度分析。进行折半信度分析时，如果量表中含有反意题项，应先将反意题项的得分进行逆向处理，以确保各题项得分的方向一致，然后将全部题项按奇偶或前后顺序分为尽可能相等的两个部分，计算两个部分的相关系数（rhh，即半个量表的信度系数），最后用斯皮尔曼－布朗（Spearman-Brown）公式来计算整个量表的信度系数（ru）：$r = 2 \cdot r' / (1+r')$，其中，r' 为两半分数间的相关系数，r 为整个测验的信度值。

4. α 信度系数法

α 信度系数是目前最常用的信度系数，其公式为：$\alpha = [K / (K-1)] \cdot [1 - (\sum Si^2) / ST^2]$ 其中，K 为量表中题项的总数，Si^2 为第 i 题得分的题内方差，ST^2 为全部题项总得分的方差。从公式中可以看出，α 系数评价的是量表中各题项得分间的一致性，属于内在一致性系数。这种方法适用于态度、意见式问卷（量表）的信度分析。

二、效度分析

效度（Validity）即有效性，是指测量工具或手段能够准确测出所需测量的事物的程度。根据测量结果反映的不同方面，我们将效度分为三种类型：内容效度、准则效度和架构效度。效度分析的方法有多种，常用于调研问卷效度分析的方法主要有以下几种。

1. 单项与总和相关效度分析

这种方法用于测量量表的内容效度。内容效度又称表面效度或逻辑效度，用来衡量所设计的题项是否能代表所要测量的内容或主题。对内容效度常采用逻辑分析与统计分析相结合的方法进行评价。逻辑分析一般由研究者或专家评判所选题项是否"看上去"符合测量的目的和要求。统计分析主要采用单项与总和相关分析法获得评价结果，即计算每个题项得分与题项总分的相关系数。根据相关系数是否显著，我们可以判断题项是否有效。若量表中有反意题项，我们应将其逆向处理后再计算总分。

2. 准则效度分析

准则效度又被称为效标效度或预测效度。准则效度分析是基于已经确定的理论，选择一种指标或测量工具作为准则（效标），分析问卷题项与准则的关系。若二者相关显著，或者问卷题项对准则的不同取值、特性表现出显著差异，则为有效的题项。评价准则效度的方法是相关分析或差异显著性检验。在调研问卷的效度分析中，选择一个合适的准则往往十分困难，这在一定程度上限制了这种方法的应用。

3. 结构效度分析

结构效度是指测量结果体现出来的某种结构与测值之间的对应程度。结构效度分析采用的方法是因子分析。有学者认为，因子分析是效度分析中最为理想的方法，可以用于测量量表或整个问卷的结构效度。因子分析的主要功能是从量表的全部变量（题项）中提取一些公因子，这些公因子分别与某一群特定变量高度关联，从而代表了量表的基本架构。通过因子分析，我们可以考察问卷是否能够测量出研究者设计问卷时假设的某种架构。在因子分析的结果中，用于评价结构效度的主要指标有累积贡献率、共同度和因子负荷。累积贡献率反映了公因子对量表或问卷的整体有效程度的贡献，共同度反映了公因子解释原变量的有效程度，因子负荷反映了原变量与某个公因子的相关程度。

第七节　市场调研问卷结果分析

在进行实地调研后，我们收集了大量的原始资料。但是，这些资料并未直接向调研人员展示清晰的市场全貌，而是呈现较为分散、零星的状态，无法直接提供预期的现成答案。为了揭示事物的本质，我们需要对这些原始资料进行整理和分析，使之系统化、合理化。市场调研问卷结果分析过程，就是将各种调研所得的数据资料归纳为反映总体特征的数据。这个过程可以通过多种数据处理方法完成，其中，应用 Excel 统计图是最为常用的处理方法。统计图的种类包括条形图或柱状图、圆形图、曲线图、象形图。统计图的作用包括：明确事物的总体结构，揭示统计指标在不同条件下的对比关系，反映事物发展变化的过程和趋势，说明总体单位按某一标志的分布情况，以及显示现象之间的相互依存关系。

一、调查结果在 Excel 中的初步统计

在 Excel 电子表格中建立调查统计表之前，首要且关键的工作是对统计调查表依次进行编号，这样做的好处是，不仅可以知道问卷的总数，还可以很方便地进行后期校对工作。

在完成表格的创建并将每题的选项都输到 Excel 中后，接下来便是统计调查的结果，即每题选 A、选 B、选 C 等的个数及每个选项所占的百分比。要做好这项统计工作，我们可以用 Excel 中函数 COUNTA、COUNTIF，这将极大简化我们的工作流程。

1. COUNTIF 轻松统计各选项个数

要先统计每个单选题中各个选项的选择次数，这可以在表格的最后一行依次插入 4 行，分别命名为选 A 总数，选 B 总数，选 C 总数，选 D 总数，然后在 A16 单元格编辑栏中输入 "=COUNTIF（B5：K5，'A'）"，再按回车键，则得到所有问卷中第 3 题选择 A 选项的总人数，以此类推我们就可以得出选 B、选 C 和选 D 等的人数。但要注意的是，编辑语句中括号内的内容应与具体的统计范围相符。

2. 各选项所占百分比计算

为了计算各选项所占百分比，我们首先要统计问卷的总数。虽然我们已对统计表进行了编号，但在实际输入过程中，有可能输入的顺序会打乱。这时我们用 COUNTA 函数快速计算出实际输入的问卷总数，然后将这个总数与预先设定的问卷编号总数进行比对，如果两者一致，就可以进行下一步的百分比计算。百分比的计算过程非常简单，如只需将选 A 的总数除以所有问卷的总数即可得出 A 选项所占的百分比。

3. 统计结果的最终汇总

所有的选项结果都计算统计出来了，但是其并不能直观地反映我们想要探究的问题，此时我们需要利用 Excel 中的复制、粘贴功能中的选择性粘贴数值功能，将所选的数值粘贴到新的区域，然后删除所有问卷编号列的数据，并用文字信息替换其中的字母信息。这样，我们就可以得到一份符合我们需求的调查汇总表。

Excel 为我们提供了许多实用的统计函数，如 SUM，MIN，MAX，IF，AVERAGE，VLOOKUP，SUMIF 等。这些函数可以帮助我们轻松地获取所需的各类调查数据，并根据特定的要求得出各种结果。

用 Excel 轻松将各选择题的答案信息汇总后，为了更加直观地展示统计调查的结果，我们通常会选择使用统计图的形式。

二、统计图的制作

Excel 具有完整的图表功能，它不仅可以生成常见的条形图、折线图等标准的图形，还可生成复杂的三维立体图表。通过对各种统计调查表数据的图表处理，可以更直观地进行统计分析。建立图表的过程也非常简单，只需按照图表向导的有关说明，一步一步地进行操作，即可完成图表的制作。

文后思考

1. 根据本章对所有问卷的分析，试着设计一份调研问卷并进行调研实践及结果分析。

2. 寻找一份有调研结果的问卷，讨论调研问卷在设计中存在的问题，以及如何进行有效的结果分析。

3. 企业到底需要收集哪些信息？你能对自己所了解的信息进行分类吗？这些信息都是有效的信息吗？为什么？

4. 假设你是华为手机的营销调研主管，需要决定流行的华为手机选择哪两种新颜色时，你需要收集哪些具体的信息？请简单说明理由。

案例分析

零售企业的营销调研

零售企业的营销调研是对与零售战略战术相关的各类资料进行系统化收集和分析的过程。无论是制定一个全新的战略战术，还是修订原有的战略战术，都要进行营销调研。零售企业需要进行营销调研的领域广泛且多样，如商店选址、商品管理、定价策略、促销活动、顾客服务等。

零售企业的营销调研之所以必要，是因为它可以降低企业的风险。如果没有进行调研，那么企业只能根据少量的和不系统的信息做出决策。这样做出的决策其准确性当然不会高，从而导致企业可能面临较高的风险。

为了保证企业各项计划的顺利实施，企业必须连续不断地进行营销调研。如果企业的营销调研不能保持连续不断的态势，那么它就无法为长期战略计划提供有效支持，反而会陷入日常琐事之中，对企业的运营效益产生负面影响。

零售企业的营销调研不是单一的行动，而是一系列的活动，包括以下几个步骤：问题界定—查阅二手资料—收集原始资料—分析资料—推荐战略战术—执行战略战术。

一、问题界定

问题界定是对将进行调研的问题给予明确的表述。零售企业在进行决策前需要获取特定类型的信息。如果对所要调研的问题没有明确的界定，就有可能收集到大量与主题无关、毫无用处的资料。

下面是一家鞋店对调研问题的界定。

（1）在可能的三个店址中，我们应该选择哪一个？

（2）我们的营业时间应该怎样安排？

（3）我们应该如何提升男鞋的销量？

（4）为什么我们的竞争对手经营得都挺好？我们怎样才能从它们手中争取一部分顾客？

二、查阅二手资料

在问题界定以后，我们就要查阅二手资料。二手资料是为了解决其他相关问题而已经收集来的资料。二手资料包括内部资料（企业的有关记录）和外部资料（政府发布的报告、行业协会的书面文件等）。

三、收集原始资料

原始资料是为了解决本调研中的特定问题而收集的资料。这类资料可以通过调查、实验、观察和模拟来收集。

通过二手资料和原始资料的收集，就能够获得上面界定的几个问题的有关信息。

（1）哪一个店址？通过政府发布的报告、行业协会的书面文件，根据三个备选店址的实地考察情况，收集交通运输条件、消费者特征、房租、面积、竞争类型等信息。

（2）怎样安排营业时间？要掌握当地商店的传统营业习惯，同时对邻居和竞争对手的营业时间有所了解，并深入了解消费者的态度和需求。

（3）如何提升男鞋的销量？在分析竞争对手的商品和价格时，我们必须全面考虑各种因素，同时要在附近的街道上进行消费者调查。

（4）如何从竞争对手处争取顾客？收集竞争对手各方面的信息，要对刚离开竞争对手商店的消费者进行询问调查。

有时，我们只用二手资料；有时，我们还需要收集原始资料，但有如下两点值得我们注意：第一，由于类型和成本不同，所收集的资料是有差异的；第二，只收集与该调研中的问题有关的资料。

四、分析资料

二手资料和原始资料收集完成后，要按照界定好的问题进行资料分析。

（1）哪一个店址：对每一个店址按照所有标准（交通运输条件、消费者特征、房租、面积和竞争类型）进行打分。

（2）怎样安排营业时间：按销售额增量和成本增量比较不同营业时间的优劣。

（3）如何提升男鞋销量：对几种可供选择的提升男鞋销量的战略战术进行分析和打分。

（4）如何从竞争对手处争取顾客：研究竞争对手有吸引力的原因，列出消费者可能的反应。

接下来，我们要列举上述几种选择各自的优缺点。

（1）哪一个店址？

A地点：交通运输和消费者方面的条件较好。房租最高，面积最小，竞争激烈。

B地点：交通运输、消费者方面的条件最差，房租最低，面积最大，无竞争。

C地点：各方面都处于中间状态。

（2）怎样安排营业时间？

①9:00~20:00，邻店的营业时间，对顾客来说不够早。

②7:00~18:00，顾客所希望的时间，违反各店共同遵守的习惯。

（3）如何提升男鞋的销量？

①增加品种：吸引和满足更多顾客，成本高，库存多，许多商品周转变慢。

②减少一些类别的商品，并进行专门化：吸引和满足特定消费者的需求，降低成本、加价率和单位毛利。

③加强广告宣传：增加客流量和新顾客，成本高。

（4）如何从竞争对手处争取顾客？

增加库存和营业员数量：这些措施类似于竞争对手成功的战略战术，将增加成本，并对不同消费者市场产生影响。

更新设施和改善形象：留住老顾客，并用独特的形象吸引新顾客，但这些做法费时、费力。

五、推荐战略战术

企业用来解决问题的最好的战略战术是什么呢？我们列举了解决所讨论问题的推荐方案，具体如下。

（1）哪一个店址？

A 地点，优点远远超过缺点。

（2）怎样安排营业时间？

7：00~18：00，满足顾客要求，将结果告知其他商店。

（3）如何提升男鞋的销量？

降低价格和加强广告宣传，二者的结合有利于扩展业务。

（4）如何从竞争对手处争取顾客？

更新设施和改善形象：竞争优势能够获得显著提高。

六、执行战略战术

如果在制定零售战略过程中用调研代替直觉，那么企业应该按照营销调研所推荐的战略战术行事，即使它与领导者的直觉相矛盾，也应当坚持执行。

案例讨论

1. 在上面的调研案例中，你觉得是否还有可以改进的地方？如何改进？

2. 你觉得在诸多调研步骤中，哪一项是最重要的？为什么？

第五章

目标市场的选择

导读

目标市场选择的重要性类似于行业选择的重要性，但是，目标市场选择并不等同于行业选择。在没有政策支持或者专利保护的情况下，任何企业都没有办法独占市场。因为当你发现了一个新的市场领域并从中获得了丰厚报酬的时候，其他企业也会发现这个动向，从而打破你独占市场的美梦。因此，选择一个合适的市场类型是十分关键的。如果你计划经营服装业务，你无法覆盖整个市场，只能选择或者专注于男装、女装、童装等领域。同时，如果你选择童装市场，还需要考虑不同年龄阶段儿童的需求差异，并据此做出明智的选择。在这方面，校服品牌——"伊顿纪德"已经走在了行业的前列。

2009年，在江苏南京，苏美达伊顿纪德品牌诞生。这个品牌以解决社会问题为出发点，积极构筑自身能力体系。

如何确保这张校园文化名片名副其实？伊顿纪德会为部分有需要的学校制定专属礼仪指导，即每套校服交到学生手中，学生通过礼仪穿搭手册、礼仪课程，学会穿好一套校服。该品牌以校服为载体，推广"衣以载道，美由心生，礼形于外"的理念，力求让学生们穿出当代青年学子应有的气质。在设计上，该品牌追求"优雅、洗练"的制式校服，以及"立领、盘扣"的中式学院风校服。

在伊顿纪德看来，校服不只是生产出来的产品、穿在身上的衣服，它更是一个承载教育价值和美学理念的重要载体。以"关注教育的价值与美"为品牌定位，伊顿纪德已经持续制作了34期《優教育》公益读物，并发起"美的第一课"校园项目，秉衣论教，传播美学启蒙知识，至今已走入全国200余所校园。

用价值与美，唤醒乡村教育振兴。2017年起，伊顿纪德品牌联合全国公益组织、教育组织开展"美的守护""我请你做梦""暖烛行动"等公益项目，已累计捐赠 38 万余件服装。伊顿纪德联合各地机构、组织为偏远乡村教师提供赋能培训，共同守护乡村教育。

在全国统一大市场的推动下，中国校服产业的供给侧改革不断深化。作为首个迈入"十亿"产值门槛的校服品牌，伊顿纪德正迎来新一轮的发展机遇与挑战。伊顿纪德聚焦校园服饰系统解决方案，强化品牌意识，拥抱数字化，联合供应商、合作伙伴、教育人士、公益组织等各方面力量，打造校服行业发展共同体，乃至教育价值倡导者共同体。

注：本文部分内容选自"伊顿纪德：小校服里的大文章"。

➤ 了解目标市场选择的方法和步骤。

➤ 了解细分市场的意义。

第一节　目标市场的选择

一、目标市场选择的策略

在细分市场的基础上，企业可以进入既定市场中的一个或多个细分市场。目标市场选择的策略是指通过评估每个细分市场的吸引力，以便确定进入一个或多个细分市场的策略。

二、目标市场选择标准

在选择相关市场进行营销之前，需要明确这些市场的选择标准。

1. 有一定的规模和发展潜力

在考虑进入某一市场时，企业的首要目标是寻求盈利。然而，如果市场规模狭小或者趋于萎缩状态，那么企业在进入后可能会面临发展困难。

此时，企业应审慎决策，避免轻易进入。同时，企业也应避免将市场吸引力作为唯一考量因素，尤其是要避免"多数谬误"，即与竞争企业遵循同一思维逻辑，将规模最大、吸引力最大的市场作为目标市场。大家共同争夺同一个顾客群的结果是，造成过度竞争和社会资源的浪费，忽视消费者本应得到满足的一些需求。现在国内很多企业动辄将城市尤其是大中城市作为其首选市场，而对小城镇和农村市场不屑一顾，这很可能就步入了误区。

2. 细分市场具有一定的吸引力

细分市场可能具备理想的规模和发展特征，然而从盈利的角度来看，它未必有吸引力。波特在其"五力分析模型"中细致分析了整个市场或其中任何一个细分市场的长期的内在吸引力。

（1）细分市场内激烈竞争的威胁。如果某个细分市场已经有了众多的、强大的或者竞争意识强的竞争者，那么该细分市场就会失去吸引力。如果该细分市场处于稳定或者衰退状态，且生产能力大幅度扩张，固定成本过高，退出市场的壁垒过高，以及竞争者投资庞大，情况将进一步恶化。这些因素往往会导致价格战、广告争夺战的频繁发生。

（2）新进入者的威胁。如果某个细分市场可能会吸引新进入者争夺市场份额，那么该细分市场就缺乏吸引力。如果新进入者进入这个细分市场时遇到壁垒，并且遭受细分市场内现有公司的排挤，他们便很难进入。保护细分市场的壁垒越低，占领细分市场的企业的排挤心理越弱，这个细分市场就越缺乏吸引力。某个细分市场的吸引力随其进退难易的程度而有所区别。基于行业利润判断，最有吸引力的细分市场进入的壁垒高、退出的壁垒低。在这样的细分市场里，新的企业很难进入，但经营不善的企业可以安然撤退。如果细分市场进入和退出的壁垒都高，那么其利润虽高，但往往也伴随较大的风险，因为经营不善的企业难以撤退，必须坚持到底。如果细分市场进入和退出的壁垒都较低，企业便可以进退自如，虽然获得的报酬稳定，但不高。最坏的情况是进入细分市场的壁垒较低，而退出的壁垒却很高。在经济繁荣时，大家蜂拥而入，但在经济萧条时，却很难退出。其结果是产能过剩，人们收入下降。

（3）替代品的替代威胁。如果某个细分市场存在替代品或者有潜在替代品，那么该细分市场就失去了吸引力。替代品的存在会限制细分市场内产品的价格和利润。因此，企业应密切关注替代品的价格趋势。如果这些替代产品行业中的技术有所发展，或者竞争日趋激烈，这个细分市场的价格和利润就会下降。

（4）购买者议价能力加强的威胁。如果某个细分市场中购买者的讨价还价能力很强或正在加强，该细分市场就没有吸引力。购买者便会设法压低价格，对产品质量和服务提出更高的要求，这些都会使竞争者之间的竞争更加激烈，从而对所有销售商的利润产生负面影响。如果购买者比较集中或者有组织，或者该产品在购买者的成本中占较大比例，或者产品无法实现差异化，或者顾客的转换成本较低，或者由于购买者的利益较低而对价格敏感，购买者的议价能力就会得到强化。为了保护自身利益，销售商可选择议价能力最弱或者转换能力最弱的购买者。一种有效的防御策略是提供顾客无法拒绝的优质产品供应市场。

（5）供应商议价能力加强的威胁。如果供应商提价或者降低产品和服务的质量，或者减少供应量，那么企业所在的细分市场就会受到影响而失去吸引力。如果供应商的集中度高或有组织，或者替代品少，或者供应的产品是重要的投入要素，或者转换成本高，那么供应商的讨价还价能力就会较强。因此，与供应商建立良好关系和开拓多种供应渠道才是防御上策。

3. 符合企业目标和能力

某些细分市场虽然有较强的吸引力，但若不能推动企业实现发展目标甚至分散企业的精力，使之无法完成其主要目标，这样的市场应考虑放弃。在进行市场选择时，我们还应考虑企业的资源条件是否适合在某一细分市场经营。只有选择那些有条件进入、能充分发挥资源优势的市场作为目标市场，企业才能在竞争激烈的市场中立于不败之地。

三、目标市场选择战略

目标市场选择战略主要有以下几种。

1. 无差异市场营销

无差异市场营销（Undifferentiated Marketing）又被称为无差别市场策略，是指面对细分化的市场，企业看重各子市场之间在需求方面的共性而不注重它们的个性，不是把一个或若干个子市场作为目标市场，而是把各子市场重新集合成一个整体市场，并把它作为自己的目标市场。企业向整体市场提供标准化的产品，采取单一的营销组合，并通过强有力的促销吸引更多的购买者，这样不仅可以增强消费者对产品的印象，也会使管理工作变得简单而有效率。

无差异市场营销的最大优点在于其经济性，这与制造领域中的"大量生产"与"标准化"有着相似之处。

（1）单一产品线可减少生产、存货和运输成本。

（2）无差异的广告计划能使企业通过大规模投放来获得媒体的价格折扣。

（3）由于不必进行市场细分化所需的营销研究与规划，所以可降低营销研究的成本与管理费用。

但这种策略可能引发激烈的竞争。实施无差异市场营销的直销商一般针对整体市场，当同行中有许多人效仿之后，可能发生大市场内竞争过度，而小市场却无人问津的情况。

2. 密集性市场营销

密集性市场营销是指行业选择一个细分市场，并对之进行密集的营销活动。这种方式特别适合资源有限的企业。根据这种战略，企业将放弃一个市场中的小份额，而去争取一个或几个亚市场中的大份额。

密集性市场营销的优点在于，其能够深入地了解市场需求，使产品更加适销对路。这有利于树立和提高企业形象，以及在市场上建立稳固的地位。同时，由于实行专业化经营，企业可以节省成本和营销费用，进而增加盈利。

3. 差异性市场营销

差异性市场营销是指企业根据各个细分市场的特点，对某些产品进行差异化处理，如改变花色、式样和品种，或制定不同的营销计划和策略，以更好地满足不同消费者的需求，从而吸引各种不同类型的购买者，最终提升产品的销量。

产品差异性市场营销是通过专门生产或提供适合特定市场的产品或服务，以更好地满足目标消费者的需求。

差异性市场营销的优点有：（1）灵活性强，可以满足不同消费者的需要，提高产品的竞争力，增加销售额；（2）如果企业能在各细分市场上取得较好的经营效果，将有助于树立起良好的企业形象，从而吸引更多的单一品牌忠诚者。

差异性市场营销的缺点有：会增加各种费用，如增加产品改良成本、制造成本、管理费用和储存费用等。

四、目标市场选择的步骤

1. 市场细分

企业根据市场需求的多样性和购买行为的差异性，将整体市场划分为若干个具有某种相似特征的顾客群（称为细分市场或子市场），以便选择并确定自己的目标市场。经过市场细分后，子市场之间的消费者具有较为明显的差异性，而在同一子市场之内的消费者则有相对的类似性。因此，市场细分是一个同中求异、异中求同的过程。

2. 确定目标市场

在市场细分的基础上，企业根据自身优势，从细分市场中选择一个或者若干个子市场作为自己的目标市场，并针对目标市场的特点展开营销活动，以期在满足顾客需求的同时，实现企业经营目标。

3. 市场定位

企业从各个方面为产品创造特定的市场形象，使之在竞争对手的产品中突显自身的特色，从而在目标顾客心目中形成一种特殊的偏爱。

第二节　市场细分

市场细分的概念是由美国市场学家温德尔·史密斯在 1956 年提出来的。市场细分是第二次世界大战结束后，美国众多产品市场由卖方市场转化为买方市场这一新的市场形势下企业营销思想和营销战略的新发展，更是企业贯彻以消费者为中心的现代市场营销观念的必然产物。

一、市场细分的基础

市场细分是指通过市场调查，依据消费者（包括生产消费者、生活消费者）的需要与欲望、购买行为和购买习惯等方面的明显差异性，将某一产品的整体市场划分为若干个消费者群体的市场分类过程。企业可以根据经营决策的需要，采用不同的标准进行市场细分。一般来讲，市场细分的标准包括地理特征、人口构成、商品用途、消费者的购买行为、消费者的心理特征、消费者的利益等。市场细分有助于企业将自身优势与某些细分子市场的需要相结合，更好地满足社会需求并充分发挥企业的优势。一旦完成市场细分，企业就能更有针对性地制定产品策略、价格策略、销售渠道策略和促销策略。市场细分有利于企业集中有限的人力、物力和财力生产目标市场所需要的产品，避免产品的积压和浪费，从而使企业取得较好的经济效益。市场细分通常包括以下步骤：（1）选择一种产品或市场范围以供研究；（2）选择市场细分的形式；（3）在选定的细分形式中，挑选出具体的细分变量作为分析单位；（4）设计并组织调查；（5）分析通过调查而确定的各个细分市场的规模和性质；（6）选择细分市场，设计市场营销策略。

市场细分的基础体现在以下几个方面。

1. 顾客需求的差异性

顾客需求的差异性是指不同的顾客对产品的需求各不相同。在市场竞争激烈的环境下，消费者往往希望根据自身的独特需求来购买产品。基于消费者需求的差异性，我们可以将市场划分为同质性需求和异质性需求两大类。

同质性需求是指由于消费者的需求差异性很小，甚至可以忽略不计，因此没有必要进行市场细分。异质性需求是指由于消费者所处的地理位置、社会环境的差异，以及个人的心理和购买动机的不同，导致他们对产品的价格、质量、款式等方面存在明显的差异性需求。正是这种需求的差异性构成了我们进行市场细分的基础。

2. 顾客需求的相似性

在同一地理条件、社会环境和文化背景下，人们形成了具有相对类似的人生观、价值观的亚文化群体。这些群体的需求特点和消费习惯大致相同。正是因为消费需求在某些方面的相对同质性，市场上绝对差异的消费者才能按一定标准聚合成不同的群体。因此，消费者的需求的绝对差异导致了市场细分的必要性。同时，消费需求的相对同质性使得市场细分的实施成为可能。

3. 企业有限的资源

现代企业由于受自身实力的限制，不可能向市场提供能够满足一切需求的产品和服务。因此，企业必须进行市场细分，选择最有利可图的目标细分市场，集中企业的资源，制定有效的竞争策略，以取得持续的竞争优势。

二、市场细分的意义

1. 有利于选择目标市场和制定市场营销策略

市场细分后的子市场比较具体，比较容易了解消费者的需求。因此，企业可以根据自身的经营理念、方针及生产技术和营销力量，确定自己的服务对象，即目标市场。对于较小的目标市场，企业可以制定出更具针对性的营销策略。同时，在细分的市场环境中，信息的获取和反馈更为便捷。一旦消费者的需求发生变化，企业就能够迅速调整其营销策略，并制定相应的对策，以适应市场需求的变化，提高企业的应变能力和竞争力。

2. 有利于发掘市场机会，开拓新市场

通过市场细分，企业可以对每个细分市场的购买潜力、满足程度、竞争状况等进行分析与对比，探索出有利于自身发展的市场机会，从而及时做出投产、异地销售决策或根据本企业的生产技术条件编制新产品开拓计划。在实施这些决策时，企业需要进行必要的产品技术储备，掌握产品更新换代的主动权，开拓新市场，以更好地满足市场需求。

3. 有利于集中人力、物力投入目标市场

任何一家企业的资源、人力、物力、资金都是有限的。通过细分市场，选择了适合自己的目标市场，企业就可以集中人、财、物及资源，去争取局部市场上的优势，然后再占领自己的目标市场。

4. 有利于企业提高经济效益

以上三个方面的作用都能使企业提高经济效益。除此之外，企业通过市场细分还可以面对自己的目标市场，生产出适销对路的产品，既能满足市场需要，又可增加企业的收入。产品适销对路有助于加速商品流转，提高生产批量，降低企业的生产销售成本，提高工人的劳动熟练度，提升产品质量，从而全面提高企业的经济效益。

三、市场细分的依据

1. 消费者市场细分的依据

通常，企业综合运用有关变量来细分市场，而不是单一采用某一变量。概括起来，细分消费者市场的变量主要有地理变量、人口变量、心理变量、行为变量这四大类。基于这些变量，市场细分可以按地理因素、人口因素、心理因素和行为因素来划分目标市场，具体如图 5-1 所示。

（1）按地理因素细分市场，即按照消费者所处的地理位置、自然环境来细分市场。例如，根据国家、地区、城市规模、气候、人口密度、地形地貌等方面的差异，将整体市场划分为不同的小市场。地理因素之所以可作为市场细分的依据，是因为处在不同地理环境中的消费者对于同一类产品往往有不同的需求与偏好，他们对企业采取的营销策略与措施会有不同的反应。

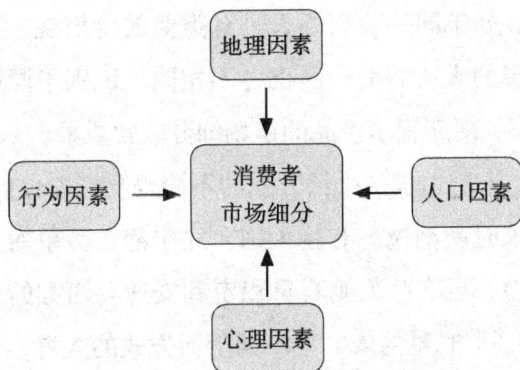

图 5-1 消费者市场细分的依据

（2）按人口因素细分市场，即按人口统计变量，如年龄、性别、家庭规模、家庭生命周期、收入、职业、教育程度、宗教、种族、国籍等细分市场。

①性别。由于生理上的差别，男性与女性在产品需求与偏好上有很大不同，如在服饰、发型、生活必需品等方面均有差别。

②年龄。不同年龄的消费者有不同的需求特点，如对服饰的需求，青年人与老年人就有差异，青年人需要鲜艳、时髦的服装，老年人则需要端庄、素雅的服饰。

③收入。低收入和高收入消费者在产品选择、休闲时间安排、社会交际与交往等方面都会有所不同。

④职业与教育。消费者职业的不同、所受教育的不同也会导致所需产品的不同。例如，农民购买自行车偏好载重自行车，而学生、教师则喜欢轻便、样式美观的自行车。

⑤家庭生命周期。一个家庭，按年龄、婚姻和子女状况，可分为单身、新婚、满巢、空巢和孤独五个阶段。在不同阶段，家庭购买力、家庭成员对商品的兴趣与偏好也会有很大的差别。

（3）按心理因素细分市场。根据购买者所处的社会阶层、生活方式、个性特点等心理因素细分市场。

①社会阶层。处于同一阶层的人具有类似的价值观、兴趣爱好和行为方式，而不同阶层的人所需的产品也各不相同。识别不同社会阶层消费者所具有的不同特点，对于很多产品的市场细分非常重要。

②生活方式。人们追求的生活方式的不同也会影响他们对产品的选择。例如，有些人追求时尚潮流，有些人则向往宁静、简单的生活，还有些人热衷于刺激和冒险，更有些人则看重稳定和安逸。西方的一些服装生产企业针对"简朴的人""时髦的人"等不同生活方式的人群，分别设计不同款式的服装，这是依据生活方式进行市场细分。

③个性。个性是一个人比较稳定的心理状态和特征的体现，它决定了一个人如何对其所处的环境做出一致且持续的反应。个性通常通过自信、自主、支配、顺从、保守、适应等性格特征表现出来。因此，我们可以根据这些性格特征对个性进行分类，从而为企业的市场细分提供依据。在西方国家，对诸如化妆品、保险之类的产品，一些企业以个性特征为根据进行市场细分并取得了成功。

（4）按行为因素细分市场。根据购买者对产品的了解程度、态度、使用情况及反应等，将他们划分成不同的群体。很多人认为，行为因素可以更直接地反映消费者的需求差异，因此成为市场细分的最佳起点。

① 时机。按消费者购买和使用产品的时机细分市场，这些时机包括春节、中秋节、购房、搬家、升学、退休、出差、旅游等。时机细分有助于提高品牌使用率，提高营销的针对性。例如，旅行社可以为"十一"黄金周的游客提供专门的旅游服务。

② 利益。利益细分是根据消费者从品牌、产品中追求的利益的不同来进行分类的方法。美国曾有人运用利益细分法对钟表市场进行研究，发现手表购买者可分为三类：大约23%的消费者侧重价格低廉，46%的消费者侧重耐用性，31%的消费者侧重品牌声望。当时美国各大钟表公司都将注意力集中于第三类细分市场，制造豪华昂贵的手表并通过珠宝店销售。唯有TIMES公司独具慧眼，选定第一、第二类细分

市场作为目标市场，全力推出一种价廉物美的"天美时"牌手表，并通过一般钟表店或大型综合商店出售。该公司后来发展成为世界第一流的钟表公司。

运用利益细分法时，还必须确定人们在产品种类中寻求的主要利益，有谁在寻求这些利益，这些利益对他们的重要程度如何，哪些品牌可以提供这些利益，哪些利益还没有得到满足，进而进行有针对性的品牌营销策划。美国学者哈利曾运用利益细分法对牙膏市场进行细分而获得成功，他将牙膏需求者寻求的利益分为经济实惠、防治牙病、洁齿美白、口味清爽四类。牙膏公司可以根据自己所服务的目标市场的特点，了解竞争者是什么品牌，市场上现有品牌缺少什么利益，从而改进自己现有的产品，或另外推出新产品，以满足牙膏市场上未满足的利益需要。

③使用者状况。许多品牌可以按使用状况将消费者分为曾经使用者、未曾使用者、潜在使用者、初次使用者、偶尔使用者和经常使用者等类型，针对不同使用群体应采用不同的营销策略和方法。市场占有率高的品牌特别重视将潜在使用者转变为实际使用者，而一些小企业则只能以经常使用者为服务对象。

④品牌忠诚度。消费者对品牌的忠诚度是企业最宝贵的财富。美国商业研究报告指出，多次光顾的顾客比初次登门者，可为企业多带来20%～85%的利润；固定客户数目每增长5%，企业的利润则增加25%。根据消费者的品牌忠诚度，我们可以将消费者分为如下四种类型。

• 专一忠诚者：是构成顾客群体的最重要的部分。例如，瑞士万用刀的爱好者，他们会不断地告诉他们的朋友和邻居这种刀的好处、用途以及他们每天、每个星期、每个月的使用频率。这些专一忠诚者会成为品牌的免费宣传者，并不断地向他人推荐。对任何企业而言，这都是他们最欢迎的顾客类型。

• 潜在忠诚者：顾客高度偏好与低度重复购买的结合，便形成了潜在忠诚。例如，以美国的一个标准中国食物爱好者为例，她家附近有一家她很喜欢的中国餐馆。但她的丈夫却对中国食物不感兴趣，所以她只是偶尔光顾这家中国餐馆。如果该餐馆能够了解潜在忠诚者的这些情况，就可以采取一些应对策略。比如该餐馆可考虑增加一些美式餐点，以吸引像她丈夫这样的顽固顾客。

• 迟钝忠诚者：顾客低度偏好与高度重复购买的结合，便形成了迟钝忠诚。这类顾客的购买原因不是因为偏好，而是"因为我们经常用它"或"因为它方便"。大多数经常购买产品的顾客都属于这种类型。例如，有些顾客可能总在一条街上购买日常用品，在另一条街上的干洗店干洗他们的衣物，而需要修鞋子时，则就近选择。如果能积极争取这类客户，提高产品或服务质量，形成自己的特色，这类顾客就可能会由迟钝忠诚转变为专一忠诚。

• 缺乏忠诚者：由于不同的原因，某些顾客可能不会对某些品牌产生忠诚。一般来说，企业应避免将目标对准缺乏忠诚的顾客，因为他们永远不会成为忠诚的顾客，对企业的发展也只有很少的贡献。

⑤使用率。我们可以根据品牌的轻度、中度和重度等使用情况来细分市场。品牌重度使用者一般在市场上所占比例不大，但他们的消费量在全部消费量中所占的比例却相当高。根据营销广告界的巴莱多定律，20%的品牌重度使用者的消费量占据了该品牌总消费量的80%。

⑥态度。消费者对品牌的态度大体可以分为五种，即热爱、肯定、冷淡、拒绝和敌意。态度是人们生活方式的一种体现，态度决定着成败，也决定着品牌定位。企业可以通过调查、分析，针对不同态度的顾客采取不同的营销策略。例如，对抱有拒绝和敌意态度者，就不必浪费时间去改变他们的态度；对冷淡者则应设法去争取他们。

细分的标准有时并不唯一，我们可以采用多种标准进行细分。例如，一家航空公司对从未乘过飞机的人很感兴趣（细分标准是顾客的体验）。而从未乘过飞机的人又可以细分为害怕乘飞机的人、对乘飞机无所谓的人，以及对乘飞机持肯定态度的人（细分标准是态度）。在持肯定态度的人中，又包括高收入有能力乘飞机的人（细分标准是收入能力）。于是，这家航空公司就将力量集中在开拓那些对乘飞机持肯定态度但还没有乘过飞机的高收入群体。

2. 生产者市场细分的依据

很多用来细分消费者市场的标准同样也可用于细分生产者市场。例如，根据地理、追求的利益和使用率等。不过，由于生产者与消费者在购买动机与行为上存在差别，除了运用前述消费者市场细分标准外，还可用一些新的标准来细分生产者市场。

（1）用户规模。在生产者市场中，有的用户购买量很大，而另外一些用户的购买量则很小。企业应当根据用户规模来细分市场，并根据用户或客户的规模不同，制定不同的营销组合方案。例如，对于大客户，宜直接联系、直接供应，在价格、信用等方面给予更多优惠；而对众多的小客户，则宜让产品进入商业渠道，由批发商或零售商去组织供应。

（2）产品的最终用途。产品的最终用途不同也是生产者进行市场细分的标准之一。例如，工业品用户购买产品，一般都是供再加工之用，对所购产品通常都有特定的要求。

（3）工业生产者购买状况。我们可以根据工业生产者的购买方式来细分市场。如前所述，工业生产者购买的主要方式包括直接重购、修正重购及新任务购买。这些不同的购买方式在采购量、决策过程中存在显著差异，因此可将整个市场细分为多个不同的小市场群。

第三节 消费者需求的测量

一、选定消费者的范围

确定经营范围后，需要进一步确定产品市场范围，即潜在的顾客群体（产品的市场范围应以市场的需求而不是产品特性来定，并且产品市场范围应尽可能全面）。接下来，我们根据经营范围来确定消费者市场变量。

1. 列举潜在顾客的基本需求

企业的市场营销专家通过"头脑风暴法[①]，"从地理、人口、行为和心理等几个方面的变量出发，大致估算潜在的顾客有哪些基本的需求（包括刚开始出现或将要出现的消费需求，这里将行为作为需求来分析）。

2. 分析潜在顾客的需求

（1）对所列举的需求进行总结分类，（2）按照不同变量对顾客进行分类，（3）设计调查问卷，（4）进行市场调查，（5）对问卷进行统计分析。

---

① 头脑风暴法出自"头脑风暴"一词。所谓头脑风暴，最早是精神病理学上的用语，指精神病患者的精神错乱状态。而现在则成为无限制的自由联想和讨论的代名词，其目的在于产生新观念或激发创新设想。头脑风暴法是由美国创造学家 A·F. 奥斯本于 1939 年首次提出、1953 年正式发表的一种激发性思维的方法。在群体决策中，由于群体成员心理相互作用影响，易屈于权威或大多数人意见，形成所谓的"群体思维"。群体思维削弱了群体的批判精神和创造力，损害了决策的质量。为了保证群体决策的创造性，提高决策质量，管理上发展了一系列改善群体决策的方法，头脑风暴法是较为典型的一个。头脑风暴法又可分为直接头脑风暴法（通常简称为头脑风暴法）和质疑头脑风暴法（也称反头脑风暴法）。前者是指在专家群体决策中尽可能激发创造性，产生尽可能多的设想的方法，后者则是指对前者提出的设想、方案逐一质疑，分析其现实可行性的方法。采用头脑风暴法组织群体决策时，要集中有关专家召开专题会议，主持者以明确的方式向所有参与者阐明问题，说明会议的规则，尽力创造融洽轻松的会议气氛，一般不发表意见，以免影响会议的自由气氛，由专家"自由"提出尽可能多的方案。

3. 剔除潜在顾客的共同需求

我们可以将特殊需求作为消费者市场细分的标准。

二、形成消费者市场

1. 根据差异性需求细分消费者市场

企业找到差异性需求之后，将差异性需求相对应的顾客细分变量和利益消费者变量作为市场消费者变量。一旦确定了所有的消费者变量，我们就可选择合适的细分方法，然后将市场划分为不同的群体或子市场，并结合各子市场的顾客特点赋予其一定的名称。

运用调查数据或者基于经验判断，我们按照这些变量对顾客购买行为影响程度的大小，对变量进行降序排列，从而找出最合适的变量。

2. 深入认识消费者市场的特点

排除重复消费者市场。首先弄清非重复消费者市场的属性：所提供的产品或服务用途不相同，产品和服务在每一个细分市场中所占的比例及一切相对价值应各不相同，所提供的产品或服务不会取得相同的利益。

拆分内部需求差异较大的细分市场。这里应注意，在能取得经济效益的细分中，拥有顾客数量的最低界限是什么？企业能够控制的消费者市场数量是多少？其限度主要由企业自身的综合实力强弱来决定。

三、初评消费者市场的规模

消费者市场规模分析的方法如下。

1. 分析预测法

（1）确定产品的潜在购买者和使用者（有需求、有使用产品的必要资源和有支付能力的顾客，或运用反向提问：谁是不合格的潜在顾客）。

（2）确定第一步界定的每个潜在购买群体中有多少人。

（3）估计购买频率或使用频率（据调查或其他研究所获得的平均购买频率来确定，或据假设前提潜在使用频率等于重度使用者的使用频率来确定。市场潜力就等于步骤（2）和（3）的乘积，即潜在顾客数乘以潜在使用频率。企业需要预测各个不同城市、地区的市场潜量）。

2. 市场因素组合法

该方法要求辨别在每一个市场上的所有潜在购买者，并且对他们潜在的购买量进行估计。

3. 多因素指数法

采用该方法可计算一个地区的购买力占比，具体计算公式如下。

$B_i = 0.5y_i + 0.3r_i + 0.2p_i$

其中，B_i 表示地区 i 的购买力占全国总购买力的百分比；y_i 表示地区 i 的个人可支配收入占全国的百分比；r_i 表示地区 i 的零售销货额占全国的百分比；p_i 表示地区 i 的居住人口占全国的百分比。

四、预测消费者市场未来需求

西方企业通常采用三段式的销售预测。首先是宏观经济预测，主要包括通货膨胀、失业、利率、消费者开支和储蓄、企业投资、政府支出等因素，以对国民生产总值进行预测。其次是行业市场预测，在已知的环境和既定的营销支出下，预测该行业的总销售量。最后是本企业的市场占有率，预测企业的销售量。

企业销售预测的方法包括购买意图调查法、销售人员意见综合法和专家意见法。人们有什么需求的信息主要来源于购买者对投入市场试销的产品的反映，即通过分析过去购买行为的记录或采用时间序列分析或统计需求分析来得到。

第四节　目标市场选择设计分析实例

市场分析与策划的研究者在进行市场分析与设计时，可以根据以下研究思路进行企业的目标市场选择设计。

一、基本问题

1. 公司名称

我们可以根据公司的特点、销售的物品等要素给公司拟定名称。例如，中国南方航空有限公司。

2. 公司经营的具体产品

公司经营的具体产品有机票服务、旅游包机服务、飞机维修等。

3. 公司今年、明年、未来五年的目标

确定好公司的目标，可以提前预知公司的未来规划。例如，明确第一年亏损预算 3 000 万元，第二年实现收支平衡，第三年实现盈利，目标为 5 000 万元。

4. 列举公司经营的优势

公司经营的优势是公司取得市场的关键。

二、目标市场

1. 公司在中国市场的辐射范围

公司在中国市场的辐射范围主要为华东、华南等地区。我们选择这些地区作为主要市场的原因是，这些地区经济发展较为成熟，市场潜力巨大。

2. 预计在未来的一年、两年乃至五年内公司产品的市场容量变化

市场容量是衡量一个公司经营能力的重要指标之一，因此我们需要对市场未来的发展进行预测。以春秋航空为例，该公司主打旅游航线，通过与旅行社的合作，成功占领了较大的市场份额，不仅在国内市场表现优秀，在国际上也有一定的影响力。

3. 列举公司产品对消费者最具吸引力的因素

在民营航空业中，影响消费者的因素有很多，如出行的目的、旅客的购买行为等。不同旅客的出行目的各异，如公务、商务旅行和度假旅行等。此外，旅客的购买行为也会受多种因素的影响，如购买的状态、购买的动机、购买的频率、对商标品牌的态度。

三、竞争

1. 请列举公司最主要的竞争对手及其优势

通过了解竞争对手的优势，我们可以发现自己的不足并加以改进。例如，中国海南航空公司作为一家立足海南的航空公司，充分利用了当地的旅游资源，将产品重心放在旅游航线上，并且注重服务质量的提升，这些都是值得我们学习和借鉴的地方。

2. 竞争对手的声誉

认真了解竞争对手的声誉能知道对方的企业文化和已有的声誉是如何形成的，以借鉴和学习。

3. 公司在行业内的地位

分析公司所处的行业地位，包括其在行业中的竞争地位、价格影响力及竞争优势等方面的情况。衡量公司竞争地位的主要指标是产品的市场占有率和行业综合排序。例如，中国国际航空公司在中国航空业中占据主导地位。

4. 竞争者是否具有先天性的优势

竞争者一般是指与本企业提供的产品或服务相似，并且所服务的目标顾客也相似的其他企业。例如，航空公司会考虑地域、产品线、成本、声誉等。中国南方航空公司是中国运输飞机最多、航线网络最发达、年客运量最大的航空公司之一。其主运营基地位于广州白云国际机场、北京首都国际机场、郑州新郑国际机场等地，这些地理位置为其带来了一定的竞争优势。

四、营销渠道

1. 公司采用的零售渠道

不同行业、不同产品的零售渠道都有所不同。以航空业为例，其主要零售渠道有航空售票处现场预定、电话预定、官网预定、实体代理点预定、网络代理商网站预定等，这些可以归结为自营和代理商销售。

2. 公司的销售构成中，直营商店、加盟店的比例设计

公司在销售过程中，需考虑采用哪种销售模式最有利，这时选择销售

渠道成为关键的一步。

五、物流

1. 具体描述物流的时间进程

公司应该准确、及时地将货物的动态传递给消费者，以减少消费者等待时间。

2. 公司目前将货物传送给顾客采用的方式

公司将货物传送给顾客的方式多种多样，主要取决于顾客所支付的费用和距离的远近。

3. 运输模式

运输模式主要由距离决定。根据距离的远近，公司需制定合适的运输模式，以节约成本。

六、定价

1. 产品定价策略

价格设定是市场营销的关键组成部分之一，它涉及商品和服务的定价及调整策略，以实现最佳的营销效果和盈利。根据公司的实际情况，我们将在保证自身盈利的前提下，制定合理的价格。

2. 定价与产品质量的关系

不同的产品定价是不一样的，但是我们不能用价格高低来评价产品质量的好坏，而应考虑物美价廉和物超所值等多种因素。

3. 价格敏感度调查的重要性

价格敏感度表示为顾客需求弹性函数，即由于价格变动引起的产品需求量的变化。由于市场具有高度的动态性和不确定性，这种量化的数据往往不能直接作为制定营销策略的依据，甚至有时会误导公司的经营策略，而研究消费者的价格消费心理，了解消费者价格敏感度的影响因素，能够使公司在营销活动中掌握更多的主动权，也更具有实际意义。因此，进行价格敏感度调查对合理定价是至关重要的。

4. 针对不同顾客级别的价格差异化策略

在提供产品和服务时，公司不应对所有客户均提供相同的价格，而应根据不同客户的需求和购买力，灵活运用价格浮动权，制定有针对性的价格方案。

📝 文后思考

1. 观察下图，如果你是销售狗粮的营销人员，哪种类型的顾客才是你的目标顾客呢？他们具备什么样的特征？

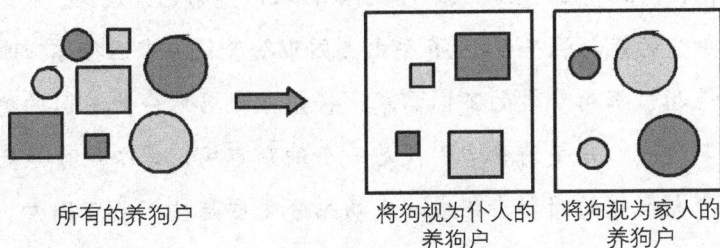

所有的养狗户　　　　将狗视为仆人的　　将狗视为家人的
　　　　　　　　　　　　养狗户　　　　　养狗户

2. 下面的市场可以按照哪些维度进行细分？

   A. 保险产品　　　　　B. 汽车

3. 如果你在销售一种产品，你将如何确定你的目标顾客？他们具有什么特征？

4.你进行过网购吗？网络购物的消费者具有什么特征？现实市场的消费者具有什么特征？什么样的商品适合网络销售？什么样的商品适合线下销售？

5.试测算你所在地区高校学生的数量？你会采取什么方法？

6.试测算你所在群体的消费者的月消费额。你能对大家的消费产品进行分类吗？分类的标准是什么？

案例分析

麦当劳瞄准细分市场需求①

麦当劳作为一家国际餐饮巨头，创始于20世纪50年代中期的美国。当时创始人及时抓住美国经济高速发展下工薪阶层对于方便快捷饮食的需求，并且瞄准细分市场需求特征，对产品进行准确定位而一举成功。如今，麦当劳已经发展成为世界上最大的餐饮集团，在109个国家开设了2.5万家连锁店，年营业额超过34亿美元。

回顾麦当劳公司的发展历程，我们发现，麦当劳一直非常重视市场细分的重要性，而正是这一点让它取得了令世人惊美的巨大成功。

市场细分的概念最早于1956年由美国市场营销专家温德尔·斯密首次提出。它是指根据消费者的不同需求，将整体市场划分为不同的消费者群的市场分割过程。每个消费者群便是一个细分市场，每个细分市场都是由有相似需求与欲望的消费者组成。市场细分主要是按照地理因素、人口因素和心理因素来划分目标市场，以实现企业的营销目标。

麦当劳根据地理、人口和心理因素对市场进行了准确的细分，并制定了有关战略，最终实现了企业的营销目标。

---

① 藏锋者.网络营销实战指导 知识·策略·案例 [M].北京：中国铁道出版社，2011.

一、麦当劳根据地理因素细分市场

麦当劳有美国国内市场和国际市场，而不管是在美国国内还是在国外，消费者都有各自不同的饮食习惯和文化背景。麦当劳按地理因素进行市场细分，主要是分析各区域的差异。如美国东西部的人喝的咖啡口味是不一样的。麦当劳通过将市场细分为不同的地理单位进行经营活动，从而做到因地制宜。

每年，麦当劳都要花费大量的资金进行严格的市场调研，研究各地的人群组合、文化习俗等，再编写详细的细分报告，以使每个国家甚至每个地区都有一种适合当地生活方式的市场策略。

例如，在中国市场，麦当劳也充分利用了地理因素的优势，根据中国消费者对鸡肉产品的偏好，麦当劳及时调整了产品策略，推出了符合中国消费者口味的产品。这一改变不仅满足了当地消费者的需求，还加快了麦当劳在中国市场的发展步伐。

二、麦当劳根据人口因素细分市场

人口因素细分市场通常根据年龄、性别、家庭人口、家庭生命周期、收入、职业、教育程度、宗教信仰、种族、国籍等因素将市场分割成若干板块。而麦当劳在人口因素细分市场方面主要关注年龄和家庭生命周期。具体来说，他们将未达到驾驶年龄的人群定义为少年市场，将20～40岁的年轻人定义为青年市场，同时还设有老年市场。

人口市场划定以后，要分析不同市场的特征与定位。例如，麦当劳以孩子为中心，将孩子作为主要消费者群体，并致力于培养他们的消费忠诚度。在餐厅用餐的小朋友经常会获得印有麦当劳标志的气球、折纸等小礼物。此外，麦当劳在中国还设有"麦当劳叔叔俱乐部"，面向3～12岁的小朋友，定期举办各类活动，让小朋友更加喜爱麦当劳。这种针对特定市场的精准营销策略取得了相当的成功。

三、麦当劳根据心理因素细分市场

根据人们的生活方式，快餐业通常可划分为两个潜在的细分市场：方便型市场和休闲型市场。在这两个方面，麦当劳均做得很好。

例如，针对方便型市场，麦当劳推出了"59秒快速服务"的理念，即从顾客开始点餐到拿着食品离开柜台的标准时间为59秒，不得超过一分钟。

针对休闲型市场，麦当劳注重餐厅的店堂布置，力求创造舒适自由的就餐环境。通过精心打造具有独特文化的休闲场所，麦当劳致力于吸引休闲型市场的消费者群体。

通过案例分析，麦当劳依据地理、人口、心理因素进行的市场细分是相当成功的。这一成功不仅源于其丰富的经验积累，更得益于其不断的创新。当然，麦当劳如果在这三因素上继续深耕细作，更可以在未来市场上保持自己的核心竞争力。

在地理因素的市场细分上，提高研究出来的市场策略应用到实际中的效率至关重要。麦当劳每年都会进行针对具体地理单位的市场研究，但应用效率却由于各种各样的原因而不尽如人意。例如，麦当劳在中国市场的表现，竟然输给在全球市场并不如它的肯德基，这本身就是一个值得关注的问题。究其原因，在于其未能在开拓市场之初就重视研究出来的细分报告。等到后来才被动改变策略，推出鸡肉产品，这种消极的对策严重影响了麦当劳自身的发展步伐。

因此，按地理因素细分市场，一定要先做好市场研究，并根据细分报告开拓市场。

在人口因素的细分市场上，麦当劳应该扩大划分标准，而不应仅仅局限于年龄及家庭生命周期。其可以加大对其他相关变量的研究，拓宽消费者群的"多元"构成，按地理因素细分市场，以展开更有效的经营。例如，麦当劳可以针对家庭人口考虑举行家庭聚会，营造全家一起用餐的欢乐气氛。公司聚会也是可以考虑的市场。

对于心理细分市场，有一个突出的问题，即健康型细分市场。这对麦当劳是一个巨大的考验。如果固守已有的原料和配方，继续制作高热和高脂类食物，对于关注健康的消费者来说是不友好的。

首先，麦当劳应以方便型和休闲型市场为主，积极服务好这两类消费者。同时，针对健康型消费者，开发新的健康绿色食品。

其次，除方便型、休闲型及健康型消费者群外，还存在体验型消费者群。麦当劳可以服务为舞台，以商品为道具，围绕消费者创造出值得回忆的活动感受，如在餐厅室内设计上注重感官体验、情感体验或者模拟体验等。深入挖掘体验型消费，这应该是未来的一个发展方向。

案例讨论

1. 案例所描述的麦当劳在中国市场获得成功的主要原因是什么？
2. 你所了解的麦当劳餐厅的目标市场与案例中的有区别吗？主要体现在哪些方面？

第六章

产品营销方案的设计与策划

导读

在现代社会，产品营销方案设计应遵循以下原则：首先，基于市场分析进行设计；其次，紧密围绕消费者的根本需求。许多销售人员常感叹市场难以拓展、产品销售困难，并寻求各种营销方案以解决问题。事实上，一个企业如果对市场营销有正确的认识，并能选择具有发展潜力的行业，充分了解和分析市场环境，进行有效的调研分析和目标市场规划，辅之以有效的市场营销方案，那么这样的企业一定会成功，而不会长期陷入产品的局限性推销和市场困局之中。一个企业如果脱离市场环境分析，仅围绕传统市场营销理论进行产品营销方案的设计与策划，就是本末倒置，偏离市场和消费者需求的本质。任何无法或者未能以更好的方式满足消费者需求的产品，再精致的市场营销设计也无法解决产品的销售和市场问题。因此，对于已经进入上述困难阶段的企业，需要做的工作是重新审视本书第二章的内容，进行再次学习。

学习目标

➢ 了解产品营销方案设计的具体内容。

➢ 能够进行有效的产品营销方案设计。

第一节　4P's营销理论

企业在市场分析与策划过程中，一旦明确了市场定位，就要根据目标市场的需要及各种相关的环境因素，制定相应的营销组合策略。这一过程的核心理论主要源自4P's营销理论等经典营销学理论。这些理论在实践中不断传承与发展。

一、4P's营销理论的主要内容

4P's营销理论产生于20世纪60年代的美国，它是在营销组合理论提出的背景下应运而生的。1953年，尼尔·博登在美国市场营销协会的就职演说中首次提出了"市场营销组合"（Marketing mix）这一概念，意指市场需求在一定程度上受到所谓"营销变量"或"营销要素"的影响。为了寻求市场反应，企业要对这些要素进行有效组合，以满足市场需求并获得最大利润。营销组合包含了几十个要素（博登提出的市场营销组合原本就包括12个要素）。杰罗姆·麦卡锡于1960年在其著作的《市场营销学基础》

一书中将这些要素概括为四大类：产品（Product）、价格（Price）、分销渠道（Place）、促销（Promotion），即著名的 4P's 营销理论。1967 年，菲利普·科特勒在其畅销书《营销管理：分析、计划、执行和控制》第一版中进一步确认了以 4P's 为核心的营销组合方法。

（1）产品：注重开发的功能，并追求独特的卖点，将产品的功能诉求放在第一位。

（2）价格：根据不同的市场定位，制定相应的价格策略。产品的定价依据是企业的品牌战略，并注重品牌的含金量。

（3）分销渠道：企业并不直接面对消费者，而是注重经销商的培育和销售网络的建立，企业与消费者的联系是通过分销商进行的。

（4）促销：企业注重销售行为的改变来刺激消费者，以短期的行为（如让利、买一送一等）促成消费的增长，吸引其他品牌的消费者或导致提前消费来促进销售的增长。

二、4P's 营销理论的理论框架

4P's 的提出为营销理论框架的搭建奠定了基础。该理论以单个企业作为分析单位，深入探讨了影响企业营销活动效果的两类因素，具体如表 6-1 所示。

表 6-1　影响企业营销活动效果的因素

类型	具体因素
可控因素	产品、价格、分销渠道、促销
不可控因素	社会、人口、技术、经济、环境/自然、政治、法律、道德

企业营销活动的实质是一个利用内部可控因素适应外部环境的过程，即通过对产品、价格、分销渠道、促销的计划和实施，对外部不可控因素做出积极动态的反应，从而促成交易的实现和满足个人与组织的目标，用

科特勒的话说就是"如果公司生产出适当的产品，定出适当的价格，利用适当的分销渠道，并辅之以适当的促销活动，那么该公司就会获得成功"（科特勒，2001）。因此，市场营销活动的核心在于制定并实施有效的市场营销组合。

4P's营销理论的主要内容如图6-1所示。

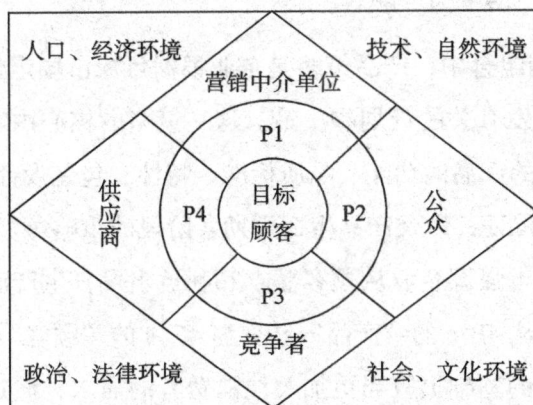

图6-1 4P's营销理论的主要内容 [①]

由图6-1可知，4P's营销理论将企业营销活动这一错综复杂的经济现象概括为三个核心要素，将企业营销过程中涉及的成千上万的因素概括为四个关键因素，即产品、价格、分销渠道和促销。得益于这一优势，该理论很快成为营销界和营销实践者普遍接受的一个营销组合模型。

三、4P's营销理论的发展

随着市场竞争的日趋激烈及媒介传播速度越来越快，4P's营销理论越来越受到挑战。1990年，美国学者罗伯特·劳特朋教授提出了与传统营销

---

① P1—Product（产品），P2—Price（价格），P3—Place（分销渠道），P4—Promotion（促销）。

理念相对应的 4C's[①] 营销理论。

　　4P's 营销组合向 4C's 营销组合的转变，具体表现为产品（Product）向顾客（Consumer）转变，价格（Price）向成本（Cost）转变，分销渠道（Place）向便利（Convenience）转变，促销（Promotion）向沟通（Communication）转变。[②]

1. 从"产品"转变为"顾客"

　　在 4P's 营销组合中，产品策略是企业根据目标市场定位和顾客需求所做出的与产品开发有关的计划和决策。这一策略的核心内容包括：为满足用户需求而设计的产品的功能、品质标准、特性、包装设计、品牌与商标、销售服务、质量保证，以及产品生命周期各阶段的策略等。在 4C's 营销组合中，顾客策略也强调企业从顾客需求和利益出发，生产满足消费者需求的产品。因此，从 4P's 的"产品"转变为 4C's 的"顾客"，实际上意味着企业在产品开发的基础上应当更加关注消费者的需求，通过满足消费者的

---

① 李晏墅.市场营销学［M］.北京：高等教育出版社，2008.

② 4C 分别指代 Customer（顾客）、Cost（成本）、Convenience（便利）和 Communication（沟通）。
　　Customer（顾客）主要指顾客的需求。企业必须先了解和研究顾客，根据顾客的需求来提供产品。同时，企业提供的不仅仅是产品和服务，更重要的是由此产生的客户价值（Customer Value）。
　　Cost（成本）不仅仅指企业的生产成本，或者说 4P 中的 Price（价格），它还包括顾客的购买成本，同时也指产品定价的理想情况，应该是既低于顾客的心理价格，亦能够让企业有所盈利。此外，这中间的顾客购买成本不仅包括其货币支出，还包括其为此耗费的时间、体力和精力，以及购买风险。
　　Convenience（便利）顾客在购买某一商品时，除耗费一定的资金外，还要耗费一定的时间、精力和体力，这些构成了顾客总成本。因此，顾客总成本包括货币成本、时间成本、精力成本和体力成本等。由于顾客在购买商品时，总希望将有关成本包括货币、时间、精力和体力等降到最低限度，以使自己得到最大限度的满足。零售企业必须考虑顾客为满足需求而愿意支付的"顾客总成本"。努力降低顾客购买的总成本，如降低商品进价成本和市场营销费用，从而降低商品价格，以减少顾客的货币成本；努力提高工作效率，尽可能减少顾客的时间支出，节约顾客的购买时间；通过多种渠道向顾客提供详尽的信息，为顾客提供良好的售后服务，减少顾客精力和体力的耗费。
　　Communication（沟通）则被用以取代 4P 中对应的 Promotion（促销）。4C's 营销理论认为，企业应通过与顾客进行积极有效的双向沟通，建立基于共同利益的新型企业/顾客关系。这不再是企业单向的促销和劝导顾客，而是在双方的沟通中找到能同时实现各自目标的途径。

需求来获取利润，实现企业和顾客的双赢。这是市场营销观念的转变，被认为是现代市场营销的"第一次革命"。过去，市场是生产过程的终点；而现在，市场则成为生产过程的起点。现代管理学理论的奠基人彼得·F. 杜拉克有一句经典名言："商业的目的只有一个，即创造顾客。"这句话的实质意义在于，企业只有在创造有效需求之后，才能形成一个现实的顾客和市场。

顾客策略强调"忘掉产品，考虑消费者的需要和欲望"，即企业不仅关心产品的功能如何、质量如何、包装如何，而且还要思考企业的产品是否符合消费者的需求，是否能够给消费者带来实际的价值。企业在设计和开发产品时要考虑消费者的需求，使消费者的需求真正融入企业生产、投资、开发与研究等计划的制订中。例如，在全球几大移动通信运营商中客户量名列第三的多科莫公司，占据了日本移动通信市场 60% 的份额，其成功的营销文化就在于充分为消费者着想；该公司最大的优势来自 I-Mode 型手机服务的巨大成功。I-Mode 用户达到了 1 700 万人次，占整个日本市场的 80% 以上。其成功之道主要体现在以下几方面。首先，网站内容丰富，I-Mode 已有 1 000 多个志愿网站，且每天都有数百个网站加入。据统计有50% 的用户是 20 ～ 30 岁的年轻人，40 岁以下的用户占到了 70%。其次，手机采用封包传输，不必拨接，速度快，收费便宜，而且手机采用大屏幕设计，方便浏览。该公司的营销策略处处体现了以顾客为中心的人性化理念和顾客第一的营销原则，并以为顾客服务为己任。

2. 从"价格"转变为"成本"

在 4P's 营销组合中，价格策略是企业实现产品价值的策略，定价是企业整体营销活动的一部分。选择定价策略的主要依据是企业定价目标和定价导向。企业定价目标主要包括获取利润目标和占有市场目标。为了保持和扩大市场占有率，企业应对市场环境进行分析，并结合自身实力，兼顾近期与远期利益，以便在不同时期制定出合适的占领市场的定价目标。在4C's 营销组合中，成本策略是企业在满足消费者需求时需要考虑的成本因素，而不是仅仅从企业的角度考虑要达到的利润目标。从 4P's 的 "价格" 到 4C's 的 "成本" 的转变，实际上反映了企业从单纯追求盈利目标转变为更加注重满足消费者需求的成本考虑的转变。

对于企业来说，成本策略强调 "忽视价格，专注于满足消费者需求而设定的合理价格"。长城计算机公司就曾成功地实施了这一策略，其于 1999 年成功推出了 "飓风 499" 产品。当时，中国市场上的 PC 产品有 30% 是兼容机，由于产品的比价效应，商家多借此牟利。长城计算机公司通过市场调查发现，消费者能承受的心理价位集中在 5 000 元以下，而品牌机售价却在 7 000 ~ 8 000 元，这大大超过了消费者的预期。因此，在 1999 年 5 月 25 日，长城计算机公司推出了新产品 "飓风 499"，并将价格定在 4 999 元。由于充分考虑了消费者的 "成本"，长城计算机公司在中国 PC 市场取得了 "像飓风一样横扫市场" 的成功。

3. 从 "分销渠道" 转变为 "方便"

在 4P's 营销组合中，企业在分销渠道策略上应当考虑选择何种有效的途径，将产品从生产者手中转移到消费者手中。在分销渠道中，有一系列的机构或个人参与商品的交换活动，它们共同构成商品流通的有序环节。这种有序环节是连接生产与消费的桥梁与纽带。在 4C's 营销组合中，方便策略是企业在分销渠道上考虑消费者购买商品的方便程度。从 4P's 的 "分销渠道" 到 4C's 的 "方便" 的转变，实际上是企业从依据自身需要转向依据消费者的方便程度来构建分销渠道。

方便策略是企业根据消费者的利益和需求来构建分销渠道，以减少流通环节，降低流通成本，从而将这部分成本让利给消费者。随着生产力的提高和竞争的加剧，商家越来越注重减少中间环节，降低成本，直接将产品提供给消费者。例如，沃尔玛当时的成功经验包括：一是拥有相当一批直接供应商；二是 "方便、满意、低廉" 的服务宗旨；三是其店面选址在地价较低的区域，并采取 "方便" 的策略。其店面通常位于经济较发达的地区，以避免闹市区地价高和偏远地区客流不足的问题。同时沃尔玛还提供了便利的交通条件，并为消费者提供免费停车位，以及宽敞的购物通道。此外，沃尔玛还定期推出快讯，介绍商品信息，以节约消费者的时间。这些举措真正解决了消费者切实关心的问题，极大地"方便"了消费者。

4. 从"促销"转变为"沟通"

在 4P's 营销组合中，促销是企业向消费者单向传递营销信息的手段，而消费者对企业促销信息的反应无法反馈给企业，难以做到企业与消费者之间的双向沟通与交流。在 4C's 营销组合中，沟通策略是企业与消费者进行双向的营销信息沟通，使消费者参与到企业的产品开发和生产当中。麻省理工学院专门研究技术创新过程的学者埃里·冯希佩尔对科学仪器创新进行了研究，他发现，新产品的主要创新往往源于使用者的构想；在 66 种主要产品改良中，有 85% 的改良归功于使用者的构想。由此可看出，企业促销的任务不仅仅是传递信息，更要注重与消费者的沟通。促销的目标是引起消费者对企业或商品的关注和兴趣，激发他们的购买欲望，并推动他们采取购买行动。

从 4P's 的"促销"转变为 4C's 的"沟通"，实质上意味着企业从单向营销信息灌输转变为与消费者之间双向、互动的信息交流。沟通策略强调"忽视促销，考虑双向沟通"。从心理学角度来看，沟通就是"请注意消费者"。在市场日益成熟的今天，强调"请注意消费者"显然比"消费者请注意"更有利于企业的长期发展。宝洁公司的成功之道之一就是注重与消费者的沟通，他们的营销灵感主要来源于顾客的意见。宝洁公司是美国第一家提供"800 消费者服务免费电话"的消费产品公司，1979 年该公司共接到 20 万个消费者直接打进的"800 消费者服务免费电话"，其中包括对产品的各种意见和建议。宝洁公司在回复每一位消费者的同时并做记录，以便日后讨论和改进。该公司改良产品的许多构想，就是源于这个"800 消费者服务免费电话"。

随着社会经济的发展，企业传统的营销观念正在被注入新的内涵。在面对市场和消费者问题时，企业必须认识到，只有以消费者需要为中心，千方百计满足消费者的需求，才能确保企业的生存和发展。"顾客就是上帝"的理念人尽皆知，但如何服务"上帝"、方便"上帝"，其中的学问却深不可测。有人说21世纪是一个被称为"注意力经济"的时代，为了吸引消费者，厂家和商家都投入大量资金，用于广告和促销活动。然而，就如同一个听众面对一万个甚至更多的演讲者，每个演讲者都试图让听众听到自己的声音。因此，如何在巨大的噪声中独树一帜，赢得听众的青睐，就变得至关重要。这也要求企业决策者应更加关注4C's，真正地将重心放在"做市场"上。

第二节 产品策略

营销组合中最主要的决定性因素就是产品，其他策略都应以产品策略为基础。

根据菲利普·科特勒的著名营销学观点，产品是市场上任何可以让人注意、获取、使用或能够满足某种消费需求和欲望的东西。因此，产品可以是实体产品（如麦片、汽车）、服务（如航空公司、银行）、人（如演员、体育运动员）、组织（如艺术团体、非营利性组织）、地名（如城市、旅游景点）、思想（如政治、社会原因）。

20世纪90年代以来，菲利普·科特勒等学者倾向于使用五个层次来表述产品整体概念，认为这种表述方式能够更深刻、更准确地揭示产品整体概念的内涵。在规划市场供应物时，营销人员需要考虑能提供的消费者价值的五个层次，这五个基本层次如下。

（1）核心产品。核心产品是指向消费者提供的产品的基本效用或利益。从根本上讲，每一种产品都是为解决问题而提供的服务。因此，营销人员向顾客销售任何产品，都要确保其具有反应消费者核心需求的基本效用或利益。

（2）形式产品。形式产品是指核心产品所采用的实现形式。它由五个特征构成，即品质、式样、特征、商标及包装。即使是纯粹的服务，也具有相似的形式上的特点。

（3）期望产品。期望产品是指消费者在购买产品时期望得到的与产品密切相关的一整套属性和条件。

（4）延伸产品。延伸产品是指消费者购买形式产品和期望产品时附带获得的各种利益的总和，包括产品说明书、保证、安装、维修、送货、技术培训等。许多企业的成功在很大程度上归因于他们更好地认识到服务在产品整体概念中所占的重要地位。

（5）潜在产品。潜在产品是指现有产品（包括所有附加产品）可能发展成为未来最终产品的潜力状态。潜在产品指出了现有产品可能的演变趋势和前景。[①]

以航空运输业为例，航空运输业提供的产品实质上是满足旅客或货物空间位移需求的服务。核心产品是整体产品的中心，是顾客追求的核心利益。具体来说，航空运输产品的核心是快速、准确、安全、准时地抵达目的地。形式产品是核心产品所采用的实现形式或目标市场对某一需求的特定满足形式。航空运输产品可以分为航线产品、服务产品和价格产品。企业需明确自己产品的各个层次。

传统上，航空公司对其提供或销售的产品有很多表述形式。有人认为，航空公司提供的是出行服务；有人认为，航空公司提供的是无形的交通服务；也有人认为，航空公司提供的是符合安全标准的空中运输服务产品；还有人从航空公司产品的特性角度去描述产品为不可储存、不可运输、时效性高且无形的服务；而更主流的观点即被航空业界人士广泛认可的观点是航空公司提供的产品为"空间位移服务"。

---

① 吴健安. 市场营销学［M］. 北京：高等教育出版社，2011.

第三节 价格策略

一、产品价格的设计原则

每个企业都会根据自身不同的发展阶段、不同的规模实力，对产品的定价寄予不同的希望，即希望能通过对产品的合理定价，实现有效销售，从而实现企业的长期目标或阶段性目标。

1. 以生存为目标

有些企业在遇到产能过剩或市场竞争激烈或为渡过难关时，它们都会选择低价策略来维持生存，以便能够继续运营并出售存货。在这种情况下，企业只关注产品的变动成本和部分固定成本，甚至只要求能弥补变动成本。

2. 以竞争优势为目标

以保持竞争优势为目标的企业一般都是行业中的领先者，这类企业无论是在企业规模，还是在技术、资金、产品品质、渠道、品牌、运营等方面都会处于优势地位。为了保持竞争优势，它们会将自己的个别明星产品作为防御武器，采用高价值策略，以较高的性价比来维护自己的市场份额和品牌忠诚度。总而言之，企业在给产品制定价格之前，必须要根据自身的情况来明确长期或阶段性目标，以便更有方向性和指导性。这些目标可以是市场份额、品牌忠诚度、利润率等，也可以是其他的目标；可以只明确单一的目标，也可以同时明确几个目标，但要分清主次和轻重缓急。

3. 以市场占有率为目标

在快消品行业中，以市场占有率为企业阶段性目标的情况非常普遍。这与快消品行业的特征（速度快、销量大、价格敏感等）有密切的关系。很多快消品企业都希望通过市场渗透的价格策略，降低产品价格，增加销量，提高市场占有率，以实现规模效应并确保长期利益。这种情形在市场新进入者和市场挑战者中更为常见。当面临以下情况时，选择以市场占有率为定价目标可能会更为有利：首先，如果市场对价格敏感，降低价格会进一步提高销量；其次，如果存在规模经济效应，随着产品销量的提高，单位产品的生产和销售成本会下降；最后，低价能迅速打开市场局面，构筑规模门槛，并抑制潜在竞争。

二、产品价格的设计方法

1. 成本加成定价法

成本加成定价法是快消品行业中比较常用的定价方法，即在产品的成本基础上增加一个标准的利润加成。这种定价方法又被称为目标毛利率定价法。

（1）完全成本加成定价法。完全成本加成定价法是一种基于全部成本的定价方法。在这种方法中，首先要估计单位产品的变动成本，然后再估计固定费用，并将固定费用按照预期产量分摊到单位产品上，再加上单位变动成本，求出全部成本，最后将利润加到全部成本上，即得出产品价格。

完全成本加成定价法是按产品单位成本加上一定比例的利润来制定产品价格的方法。大多数企业是按成本利润比例来确定所加利润的大小的。相关计算公式如下。

价格＝单位成本＋单位成本×成本利润率＝单位成本×（1+成本利润率）

产品出厂价格＝（单位产品制造成本＋单位产品销售利润）÷（1–期间费用率–销售税率）＝［（单位产品制造成本×（1+成本利润率）］÷（1–期间费用率–销售税率）

其中，期间费用包括管理费用、财务费用和销售费用。期间费用率为期间费用与产品销售收入的比率，可以通过参考行业水平数据或使用本企业基期损益表的数据来计算。

销售税金是指产品在销售环节应缴纳的消费税、城建税及教育费附加等，但不包括增值税。销售税率是这些税率之和。

销售利润可以是行业的平均利润，也可以是企业设定的目标利润。成本利润率是销售利润与制造成本的比率，即加成比例。这是成本加成法的关键。

成本加成法定价的优点是：产品价格能保证企业在补偿制造成本和期间费用后仍能获得一定利润，产品价格水平在一定时期内相对稳定，定价方法简便易行。

成本加成法定价的缺点是：忽视了市场供求和竞争因素的影响，忽略了产品寿命周期的变化，缺乏对市场变化的适应能力，不利于企业参与竞争，容易掩盖企业经营中非正常费用的支出，从而不利于提高企业的经济效益。

（2）变动成本加成定价法。变动成本加成定价法是一种在定价过程中仅考虑变动成本，而忽略固定成本的方法。该方法是在变动成本的基础上加上预期的边际贡献来确定最终售价。由于边际贡献可能会小于、等于或大于变动成本，因此企业可能会面临盈利、保本或亏损三种不同的经济状况。这种定价方法通常适用于竞争激烈的市场环境。因为在这种情况下，如果采取总成本加成定价法，必然会因为价格太高而影响销售，从而出现产品积压的情况。相反，采用变动成本加成定价法，则容易迅速扩大市场份额。这种定价方法，在产品必须降价出售时特别重要，因为只要售价不低于变动成本，生产就可以维持；而当售价低于变动成本时，生产得越多，亏损就越多。

（3）加成百分比的确定。如何确定附加于成本基础上的加成百分比，是成本加成定价法的核心问题。无论是采用完全成本加成定价法还是采用变动成本加成定价法，所确定的加成数除了能提供所需的利润外，还需包含一部分成本项目。

①若采用完全成本加成定价法，加成百分比计算公式如下。

加成百分比 =[（投资额 × 期望的投资报酬率）+非制造成本］÷（产量 × 单位制造成本）

假设某公司投资 1 000 000 元，每年产销 A 产品 50 000 件，其单位制造成本为 40 元，销售与管理费用每年为 500 000 元。若该公司期望获得的报酬率为 20%，采用完全成本加成定价法，其加成百分比计算如下。

加成百分比 = ［（1 000 000 × 20%）+500 000］÷（50 000 × 40）=35%

按此加成百分比计算，A 产品的目标售价 =40 ×（1+35%）=54（元）

②若采用变动成本加成定价法，加成百分比计算公式如下。

加成百分比 =［（投资额 × 期望的投资报酬率）+固定成本］÷（产量 × 单位制造成本）

假设某公司投资 1 000 000 元，每年产销 A 产品 50 000 件，其单位变动成本为 25 元，固定性制造费用为 750 000 元，固定性销售与管理费用每年为 500 000 元。若该公司期望获得的报酬率为 20%，采用变动成本加成定价法，其加成百分比计算如下。

加成百分比 = ［（1 000 000 × 20%）+（750 000+500 000）］÷（50 000 × 25）
=116%

A 产品的目标售价 =25 ×（1+116%）=54（元）

2. 目标利润定价法

目标利润定价法又称目标收益定价法、目标回报定价法，是根据企业预期的总销售量与总成本来确定目标利润率的定价方法。目标利润定价法的特点是，首先确定一个总的目标利润或目标利润率，然后将总利润分摊到每个产品中去，再将分摊后的利润与产品的生产成本相加，就可以确定每个产品的价格。例如，美国通用汽车公司通常将目标利润定为

15%～20%。目标利润定价法的不足之处在于，价格是根据估计的销售量计算的，而实际操作中，价格的高低反过来会对销售量产生很大的影响。销售量的预测是否准确，对最终市场状况有很大影响。企业必须在价格与销售量之间寻求平衡，从而确保用所定价格来实现预期销售量的目标。

采用目标利润定价法，相关的计算公式如下。

销售量 × 价格 = 固定成本 +（销售量 × 变动成本）

销售量 = 固定成本 ÷（价格 – 变动成本）

例如，固定成本 =5 000，变动成本 =20，价格 =30

销售量 = 固定成本 ÷（价格 – 变动成本）=5 000 ÷ 10 = 500

即销售量为 500 个单位时，销售额等于总成本，利润为零；之后每卖一个单位，则净赚 10（价格 – 变动成本）。

制造商可以通过预测价格与需求量之间的关系，并利用损益平衡分析，来确定合适的价格。假设在 30 的价格下，预计可卖出 1500 单位，从而创造 10 000 的利润。如果这个利润符合预期目标，那么可接受以 30 的价格进行定价。如果这个利润不符合预期目标，那么就需要尝试调整成本或价格，预测新的需求量，以确定是否有更合适的价格水准。目标利润定价法与成本加成定价法是有区别的。

目标利润率定价法的要点是找出盈亏平衡点。盈亏平衡点通常是指全部销售收入等于全部成本时的产量。以盈亏平衡点为界限，当销售收入高于盈亏平衡点时企业会盈利，反之，企业就会亏损。盈亏平衡点可以用销售量来表示，即盈亏平衡点的销售量；也可以用销售额来表示，即盈亏平衡点的销售额。

成本加成定价法与目标利润定价法的差别在于，成本加成定价法公式中的成本只是制造成本，不包括期间费用；而目标利润定价法涉及的相关计算公式中的成本包括制造成本和期间费用。相应地，两个公式中的成本利润率也有所不同。

3. 认知价值定价法

认知价值定价法又被称为感受价值定价法、理解价值定价法。这种定价方法的核心是，消费者对于某一产品的性能、质量、服务、品牌、包装和价格等方面的认识和评价，都会影响其对产品的购买决策。消费者往往根据他们对产品的认知、感受或理解并综合购物经验、对市场行情和同类产品的了解，评估产品的价值水平。当商品价格水平与消费者对商品价值的理解水平大体一致时，消费者就会接受这个价格，反之，消费者就不会接受这个价格，商品就卖不出去。

认知价值定价法即企业按照消费者在主观上对该产品所理解的价值，而不是产品的成本费用水平来定价。企业利用市场营销组合中的非价格变数来影响购买者的认知价值，然后据此来定价。企业在运用该方法时，需要正确估计购买者所认可的价值。这也是一种顾客导向的定价方法。

应用认知价值定价法时，企业需掌握两个关键要素：第一，通过市场营销研究，企业应深入了解消费者对本企业所生产产品的市场上同类品牌的认知价值；第二，企业还需估计和测量本企业营销组合中的非价格变量在目标市场中将要建立起来的认知期望值，并比较产品差异和认知价值差异（与市场上同类产品其他品牌进行产品的性能、用途、质量、外观的认知比较，以及认知价值比较），然后对产品制定价格，这种价值要能反映消费者对产品的评价，而不是企业成本，更不是企业主观价值判断。

认知价值定价法的实施步骤包括：（1）确定消费者认知价值，明确商品的初始价格；（2）预测在初始价格下的商品的销量；（3）预测目标成本，即由销量算出生产量、投资额及单位成本；（4）将目标成本与实际成本相比较，计算能否实现预期利润。

4. 通行价格定价法

在通行价格定价法中，企业主要依据竞争对手的价格来设定自己产品的价格，而忽视自身成本和需求的重要性。这种定价方法在市场竞争比较激烈、产品同质化比较严重的行业中应用得比较多，有些企业在成本比较难测算时也会采用这种有效的定价方法。因此，采用这种定价方法的企业大多是行业中的跟随者。

通行价格定价法是一种在竞争导向定价方法中被广泛采用的方法。这种定价法的优势体现在以下三个方面。

（1）平均价格水平在消费者心中常常被视为合理价格，因此易于被消费者接受。

（2）试图与竞争者和平相处，避免激烈竞争产生的风险。

（3）一般能为零售商带来合理且适度的利润。

这种定价法在竞争激烈的均质商品市场中非常适用。例如，大米、面粉、食用油以及某些日常用品的价格确定。在完全寡头垄断竞争条件下，也常采用该方法。

产品成本包括可变成本（Variable Cost，VC）和固定成本（Fixed Cost，FC）两部分。一般地，企业财务部门会根据预算中的预计产量核算出单位产品成本，即平均总成本（Average Total Cost，ATC），价格管理委员会则以该平均总成本作为参考依据制定产品价格。若要进行深入分析，还需核算平均总成本之间的关系，计算规模经济产量，这样对价格的制定工作更具有指导意义。但是，在现实的社会经济生活中，很少有企业能做到计算规模经济这个层面，一般只是核算平均总成本。

在既定的市场上，产品价格的制定受多种因素的影响，如竞争品和替代品的成本、价格和可能的价格反应。企业需要对自身的产品价格和质量与竞争品和替代品进行比较，以寻找自己的竞争优势，了解竞争品和替代品可能的价格反应。

完成市场调研分析后，企业应为产品确定定位，以便找到合适的市场机会。产品的定位可以分为品牌定位、市场定位、价值定位、利益定位和属性定位。定位是个系统工程，不只是对产品的品牌和细分市场做文字性的勾勒描述，还涉及产品包装设计、销售渠道选择、市场运作策略、服务等配套措施。我们必须强调的是，产品定位的准确性直接影响价格制定的有效性。

三、价格设计的考虑因素

企业为某产品拟定价格后，在宣布执行之前应从如下四个角度来考虑其可行性。

1. 企业内部

考虑这个价格是否符合企业的营销战略目标：能否实现该产品的财务目标，是否与企业的其他关联产品相冲突，销售部门是否能接受等。企业的营销部门并非孤立存在，而是与企业的其他部门紧密相连，如董事会、研究与开发、采购、制造和会计等部门。营销部门在制订和实施营销计划时，必须考虑其他部门的意见，处理好同其他部门的关系。

企业的高层管理者是最高领导核心，负责规定企业的使命、目标和政策，营销者只有在高层管理者规定的范围内做出各项决策，并且得到上级的批准后才能付诸实施。

2. 渠道内部

经销商、分销商和零售商是否能接受这一价格，他们会有什么反应和意见。中间商在企业的营销活动中起着十分重要的作用，他帮助企业寻找顾客并直接与顾客进行交易，从而完成商品从生产者向顾客的转移。除非企业建立自己的销售网络，否则，中间商的销售效率及任何关于从产品生产领域流到消费领域的变动都会产生深远的影响。企业必须保持与中间商的良好关系，并实现互相协调。这种协调的目的是将中间商的活动纳入到企业整体营销活动体系中去，这也是企业营销渠道的主要内容。

3. 政府

所制定的价格是否符合政府相关部门的政策和法律法规，从而能为企业创造一个良好的发展环境和机会。

4. 市场

所制定的价格与产品定位是否匹配，目标消费者是否能接受，竞争品会有何种反应，并分析地区与行业的发展阶段和购买力水平。购买力是构成市场和影响市场规模大小的重要因素。它是经济环境的反应，受宏观经济环境的制约。影响购买力的主要因素有居民的实际收入、币值、消费者的储蓄和信用、消费者的支出模式等。

第四节　分销渠道策略

一、分销渠道策略的具体内容

美国市场营销学家菲利普·科特勒曾深入阐述了营销渠道的含义，即当某种货物或劳务从生产者向消费者移动时，所有参与这个过程的企业或个人都有机会取得这种货物或劳务所有权或帮助转移其所有权。简单地说，营销渠道就是商品和服务从生产者向消费者转移过程的具体通道或路径。营销渠道的起点是生产者，终点是消费者（生活消费）和用户（生产消费）。参与者是商品流通过程中各种类型的中间商。然而，所有这些都必须建立在商品所有权成功转移的基础上。

设计分销渠道的步骤一般包括分析服务产出水平、明确渠道目标、确定渠道结构方案和评估主要渠道方案四个方面。

1. 分析服务产出水平

渠道服务产出水平是指渠道策略对顾客购买商品和服务问题的解决程度。

影响渠道服务产出水平的因素包括如下五项。

（1）购买批量，是指顾客每次购买商品的数量。

（2）等候时间，是指顾客在订货或现场决定购买后，一直到拿到货物的平均等待时间。

（3）便利程度，是指分销渠道为顾客购买商品提供的方便程度。

（4）选择范围，是指分销渠道提供给顾客的商品的品种和数量。

（5）售后服务，是指分销渠道为顾客提供的各种附加服务，如信贷、送货、安装、维修等。

2. 明确渠道目标

渠道设计的中心环节是确定达到目标市场的最佳途径。渠道目标应表述为企业预期达到的顾客服务水平（何时、何处、如何对目标顾客提供产品和实现服务）以及中间商应执行的职能。无论是创建新的渠道，还是对现有渠道进行设计调整，设计者都必须将企业的渠道设计目标明确地列出来。

3. 确定渠道结构方案

有效的渠道设计应该以明确企业所追求的市场定位为起点，没有任何一种渠道可以适应所有的企业、所有的产品。即使是性质相近或同一种产品，有时也需要采用截然不同的分销渠道。一个渠道选择方案应包括三方面的要素，即渠道的长度策略、渠道的宽度策略和商业中介机构的类型。

4. 评估主要渠道方案

评估主要渠道方案的任务是从那些看起来可行的渠道结构方案中，挑选出最能满足企业长期营销目标的渠道结构方案。因此，必须运用一定的标准对各渠道进行全面评价。常用的标准包括经济性、可控制性和适应性三方面。

（1）经济性，企业的最终目标是获取最佳的经济效益，因此经济效益方面主要考虑的是每一条渠道的销售额与成本的关系。

（2）可控制性，在企业对渠道的控制力方面，自销当然比利用销售代理更有利。

（3）适应性，市场需求和由此产生的各个方面的变化，要求企业有一定的适应能力。

二、营销渠道设计的影响因素

1. 顾客特性

渠道设计深受顾客人数、地理分布、购买频率、平均购买数量及对不同促销方式的敏感性等因素的影响。当顾客人数众多时，生产者倾向于利用每一层次都有许多中间商的长渠道。但购买者人数的重要性又受地理分布的影响。例如，生产者直接销售给集中于同一地区的 500 个顾客所花的费用，远比销售给分散在 500 个地区的 500 个顾客少。而购买者的购买方式又是影响购买者人数及其地理分布的因素。如果顾客经常小批量购买，则需采用较长的分销渠道为其供货。因此，少量而频繁的订货，常使得五金器具等产品的制造商依赖批发商为其销货。同时，这些相同的制造商也可能越过批发商而直接向那些订货量大且订货次数少的大顾客供货。此外，购买者对不同促销方式的敏感性也会影响渠道选择。

2. 产品特性

例如，易腐烂的产品，为了避免拖延时间及重复处理增加腐烂的风险，其通常需要直接营销。那些与其价值相比体积较大的产品（如建筑材料、软性材料等），需要通过生产者到最终用户搬运距离最短、搬运次数最少的渠道来分销。非标准化产品（如顾客订制的机器和专业化商业表格），通常由企业推销员直接销售，这主要是由于不易找到具有该类知识的中间商。需要安装、维修的产品经常由企业自己或授权独家专售特许商来负责销售和保养。单位价值高的产品则应由企业推销人员而不通过中间商销售。

3. 中间商特性

设计渠道时，还必须考虑执行不同任务的市场营销中介机构的优缺点。例如，由制造商代表与顾客接触，花在每一顾客身上的成本比较低，因为总成本由若干个顾客共同分摊。但制造商代表对顾客所付出的努力则不如中间商的推销员。一般来讲，中间商在执行运输、广告、储存及接纳顾客等职能方面，以及在信用条件、退货特权、人员训练和送货频率方面，都有不同的特点和要求。

4. 竞争特性

生产者的渠道设计还受竞争者所使用的渠道的影响，因为某些行业的生产者希望在与竞争者相同或相近的经销处与其产品抗衡。例如，食品生产者可能希望他们的产品和竞争对手的产品摆在一起销售。有时，竞争者所使用的分销渠道反倒成为生产者所避免使用的渠道。

5. 企业特性

企业特性在渠道选择中扮演着十分重要的角色，主要体现在以下几个方面。

（1）总体规模。企业的总体规模决定了其市场范围、客户的规模以及与中间商合作的能力。

（2）财务能力。企业的财务能力决定了哪些市场营销职能可由自己执行，哪些应交给中间商执行。财务薄弱的企业，一般都采用佣金制的分销方法，并且尽力利用愿意并且能够吸收部分储存、运输以及融资等成本费用的中间商。

（3）产品组合。企业的产品组合也会影响其渠道类型。企业产品组合的宽度越大，则与顾客直接交易的能力越强；产品组合的深度越大，则使用独家专售或选择性代理商就越有利；产品组合的关联性越强，则越应使用性质相同或相似的市场营销渠道。

（4）渠道经验。企业过去的渠道经验也会影响渠道的设计。曾通过某种特定类型的中间商销售产品的企业，会逐渐形成渠道偏好。例如，许多直接销售给零售食品店的老式厨房用具制造商，就曾拒绝将控制权交给批发商。

（5）营销政策。现行的市场营销政策也会影响渠道的设计。例如，对最后购买者提供快速交货服务的政策，会影响生产者对中间商所执行的职能、最终经销商的数目与存货水平以及所采用的运输系统的要求。

6. 环境特性

这里的环境特性主要指宏观环境因素，具体指政治、经济、法律、文化等。企业分销渠道的设计必须考虑这些因素。例如，很多国家的法律都禁止采用传销的渠道销售形式。企业必须依据相关法律从事经营活动。

三、营销渠道系统设计的步骤

斯特恩等学者总结出了"用户导向渠道系统"设计模型，将渠道战略设计过程分为以下 5 个阶段，共 14 个步骤。

第一阶段，当前环境分析。

步骤 1，审视公司渠道现状。

步骤 2，了解目前的渠道系统。

步骤 3，搜集渠道信息。

步骤 4，分析竞争者渠道。

第二阶段，制定短期的渠道对策。

步骤1，评估渠道的近期机会。

步骤2，制订近期进攻计划。

第三阶段，渠道系统优化设计。

步骤1，最终用户需求定性分析。

步骤2，最终用户需求定量分析。

步骤3，行业模拟分析。

步骤4，设计"理想"的渠道系统。

第四阶段，限制条件与差距分析。

步骤1，设计管理限制。

步骤2，差距分析。

第五阶段，渠道战略方案决策。

步骤1，制定战略性选择方案。

步骤2，最佳渠道系统的决策。

四、营销渠道的环节

1. 传统的营销渠道环节

传统的营销渠道环节主要由批发商、代理商和零售商构成。

批发商这一概念源自过去人们对商人的一种称呼，现在已经逐渐被边缘化，不再被广泛使用。批发商区别于零售商的最主要特征是一方面与生产商紧密相连，另一方面则与零售商建立联系。与零售商相比，批发商拥有大量的货物；批量出售货物，不提供零售业务；出售的货物的价格会比市场零售价格低。

批发商的形式共有四类。一是商业批发商，包括全部服务批发商，这种批发商执行批发商的全部职能：预测顾客的需求，销售和促销，采购和置办各种商品，整买零卖，储藏、运输，提供市场信息和管理服务，以及咨询、资金融通、风险承担；有限服务批发商，为了减少经营费用，降低批发价格，只执行批发商部分职能或提供部分服务，包括自理批发商、卡车批发商、直送批发商、货架寄售批发商、生产合作社和邮购批发商等。二是经纪人和代理商，包括商品经纪人、制造商代理商、销售代理商、进出口代理商、采购代理商和佣金商。三是制造商和零售商的分部、营业所、采购办事处；四是其他批发商，如农产品集货商和拍卖公司。

代理商是代企业打理生意，负责代为管理、销售产品。他们并不拥有产品的所有权，而是根据厂家的授权经营额度进行经营活动。因此，代理商一般指赚取企业代理佣金的商业单位。

根据代理商的代理权是否具有排他性，我们可以将代理商分为总代理商和普通代理商；按代理商是否有权处理法律行为，我们可以将代理商分为媒介代理商、订约代理商；按代理商是受被代理人委托还是受其他代理商委托，我们可以将代理商分为上级代理商、次级代理商；按代理业务的不同，我们可以将代理商分为商品代理商、运送代理商、输出代理商、输入代理商、广告代理商、投标代理商、旅行代理商等。

零售商是指将商品直接销售给最终消费者的中间商，处于商品流通的最终阶段。零售商的基本的职责包括购买、销售、调整库存、加工、拆零、分包、传递信息、提供销售服务等。在地点和时间方面，零售商致力于为消费者提供便利的购物环境，同时又是联系生产企业、批发商与消费者的桥梁，在分销途径中发挥着重要作用。零售商在分销渠道系统的终端，直接联结消费者，完成产品最终实现价值的任务。零售商在整个国民经济发展中扮演着重要的角色。

零售商的形式包括零售商店（百货商店、专业商店、超级市场、便利商店、折扣商店、仓储商店）、无店铺零售（上门推销、电话电视销售、自动售货、购货服务）、联合零售（批发联号、零售商合作社、消费合作社、商店集团）。现在，零售商更多地发展为连锁商业、连锁超市、特许经营、商业街、购物中心等集专业性、综合性于一体的购物形式。

2. 电子商务及其渠道实现

一般来说，电子商务经历了两个发展阶段：基于电子数据交换（Electronic Data Interchange，EDI）的电子商务[1] 和基于国际互联网的电子商务[2]。

电子商务模式是指在网络环境中基于一定技术基础的商务运作方式和盈利模式。电子商务模式可以从多个角度建立不同的分类框架，最简单的分类包括B2B[3]、B2C[4]和C2C[5]等模式，此外还有新型B2Q[6]模式、O2O[7]模式、BOB[8]模式，这些模式还可以进一步细分。

---

[1] EDI 在 20 世纪 60 年代末期产生于美国，当时的贸易商在使用计算机处理各类商务文件的时候发现，由人工输入到一台计算机中的数据 70% 是来源于另一台计算机的输出文件，由于过多的人为因素，影响了数据的准确性和工作效率的提高，人们开始尝试在贸易伙伴之间的计算机上使数据能够自动转换，EDI 应运而生。EDI 是将业务文件按一个公认的标准从一台计算机传输到另一台计算机上去的电子传输方法。由于 EDI 大大减少了纸张票据，因此人们也形象地称其为无纸贸易或无纸交易。

[2] 20 世纪 90 年代中期，国际互联网迅速普及化，逐步从大学、科研机构走向企业和百姓家庭，其功能也已从信息共享演变为大众化信息传播。例如，以直接面对消费者的网络直销模式而闻名的美国戴尔公司在 1998 年 5 月的在线销售额高达 500 万美元。

[3] B2B（Business to Business）意指供应方与采购方之间通过运营者达成产品或服务交易的一种新型电子商务模式。

[4] B2C（Business to Customer）是企业与消费者之间的电子商务。这是消费者利用互联网直接参与经济活动的形式，类同于商业电子化的零售商务。

[5] C2C（Customer to Customer）是消费者与消费者之间的电子商务。C2C 商务平台就是通过为买卖双方提供一个在线交易平台，使卖方可以主动提供商品上网拍卖，而买方可以自行选择商品进行竞价。其代表是 eBay、淘宝电子商务模式。

[6] B2Q 模式，通过在采购环节中引入第三方工程师技术服务人员，提供售前验厂验货、售后安装调试维修等服务。

[7] O2O（Online to Offline）通过网购导购机，将互联网与地面店完美对接，实现互联网落地，让消费者在享受线上优惠价格的同时，又可享受线下贴心的服务。

[8] BOB 是指供应方与采购方之间通过运营者达成产品或服务交易的一种电子商务模式。其核心目的是帮助那些有品牌意识的中小企业或者渠道商能够有机会打造自己的品牌，实现自身的转型和升级。BOB 模式打破以往电子商务固有模式，提倡将电子商务平台化向电子商务运营化转型，不同于以往的 C2C、B2B、B2C 等商业模式，其将电子商务以及实业运作中品牌运营、店铺运营、移动运营、数据运营、渠道运营五大运营功能板块升级和落地。

同时，伴随着移动互联网业务的发展，又出现了移动电子商务模式。这种方式不仅提供了电子购物环境，还提供了全新的销售和信息发布渠道。从信息流向的角度来看，移动电子商务提供的业务如下。

"推（Push）"业务：主要用于公共信息发布。应用领域包括时事新闻、天气预报、股票行情、交通路况信息、招聘信息和广告等。

"拉（Pull）"业务：主要用于信息的个人定制接收。应用领域包括服务账单、电话号码、旅游信息、航班信息、影院节目安排、列车时刻表、行业产品信息等。

"交互（Interactive）"业务：包括电子购物、游戏、证券交易、在线竞拍等。

电子商务为企业提供了一个虚拟的全球性贸易环境，大大提高了商务活动的水平和服务质量。这种新型的商务通信通道具有显著的优势，尤其在国际范围内的通信速度方面，有效地节省了潜在开支，如电子邮件的使用节省了邮费，而电子数据交换则大大减少了管理和人员环节的开销。电子商务增加了客户和供货方的联系，如电子商务系统网络站点使得客户和供货方均能了解对方的最新数据。而电子数据交换则意味着企业间的合作得到了加强，它提高了服务质量，能以一种快捷方便的方式提供企业及其产品的信息及客户所需的服务，提供了交互式的销售渠道，使商家能及时得到市场反馈，以改进自身的工作。电子商务还提供了全天候的服务，即每年 365 天，每天 24 小时的服务，从而使企业尤其是弱势企业的竞争力得到增强。

电子商务的渠道实现主要依赖以下方面。

（1）以现代信息技术服务作为支撑体系。现代社会对信息技术的依赖程度越来越高，现代信息技术服务业已经成为电子商务的技术支撑体系。电子商务的实施依赖于多种技术的支撑。其中包括国际互联网、企业内部网络等计算机网络技术。这些技术能够完成信息的交流和传输，从而保证电子商务的顺利实施。此外，计算机硬件与软件技术也是电子商务的关键支持因素之一。只有对电子商务所对应的软件和信息处理程序进行不断优化，才能更加适应市场的需要。在这个动态的发展过程中，信息技术服务成为电子商务发展完善的强有力支撑。

（2）以电子虚拟市场作为运作空间。电子虚拟市场（Electronic Marketplace）是指商务活动中的生产者、中间商和消费者在某种程度上以数字方式进行交互式商业活动的市场。电子虚拟市场从广义上来讲就是电子商务的运作空间。近年来，西方学者给电子商务运作空间赋予了一个新的名词 Market Space（市场空间或虚拟市场），在这种空间中，生产者、中间商与消费者用数字方式进行交互式的商业活动，创造数字化经济（The Digital Economy）。电子虚拟市场将市场经营主体、市场经营客体和市场经营活动的实现形式，全部或一部分地进行电子化、数字化或虚拟化。

（3）以全球市场作为市场范围。电子商务的市场范围超越了传统意义上的市场范围，不再具有国内市场与国际市场之间的明显界限。其重要的技术基础是国际互联网，因此世界正在形成虚拟的电子社区和电子社会，需求将在这样的虚拟的电子社会中形成。同时，个人将可以跨越国界进行交易，使国际贸易进一步多样化。从企业的经营管理角度看，国际互联网为企业提供了全球范围的商务空间。跨越时空，组织世界各地不同的人员参与同一项目的运作，或者向全世界消费者展示并销售刚刚诞生的产品已经成为企业现实的选择。

（4）以全球消费者作为服务对象。电子商务的渗透范围包括全社会的参与者，这些参与者已不仅仅限于提供高科技产品的公司，如软件公司、娱乐和信息产业的工商企业等。信息时代，电子商务数字化革命将影响我们每一个人，并改变人们的消费习惯与工作方式。它提出"高新与传统相结合"的运作方式，即生产消费管理结构的虚拟化的深入，世界经济的发展进入"创新中心、营运中心、加工中心、配送中心、结算中心"的分工，随之而来的发展是人们的数字化生存，因此电子商务实际上是一种新的生产与生活方式。今天网络消费者已经实现了跨越时空界限在更大的范围内购物。他们不用离开家或办公室，只需通过互联网便可轻松获取新闻与信息，了解天下大小事。同时，他们也可以在网络平台上购买从日常用品到书籍、保险等的各类商品或服务。

（5）以迅速、互动的信息反馈方式作为高效运营的保证。随着电子信箱、网站等媒介的出现，电子商务中的信息传递已经摆脱了过去迟缓、单向的特点，迈向了信息时代、网络时代。在这样的情形下，原有的商业销售与消费模式正在发生变化。由于任何国家的机构或个人都可以访问企业的网址，并随时进行信息反馈与沟通，因此国际互联网为工商企业从事电子商务提供了国际舞台。

（6）以新的商务规则作为安全保证。由于结算过程中的信用瓶颈始终是电子商务发展进程中的关键性障碍，参与交易的双方、金融机构都应当维护电子商务的安全、通畅与便利，为此制定合适的"游戏规则"显得尤为重要。这涉及各方之间的协议与基础设施的协同配合，以确保资金与商品的顺畅转移。

第五节　促销策略

促销组合作为一种组织促销活动的策略思路，主张企业运用广告、人员推销、公关宣传、营业推广四种基本促销方式组合成一个策略系统，使企业的全部促销活动互相配合、协调一致，最大限度地发挥整体效果，从而顺利实现企业目标。促销组合设计是恰当地运用以上四种方式的组合，并在合适的时机结合企业的营销策略，以使企业实现销售产品和服务的最终目标。

促销就是营销者向消费者传递有关本企业及产品的各种信息，说服或吸引消费者购买其产品，以达到扩大销售的目的。促销实质上是一种沟通活动,即营销者(信息提供者或发送者)发出刺激消费的各种信息,将信息传递给一个或更多的目标对象(即信息接收者,如听众、观众、读者、消费者或用户等),以影响其态度和行为。常用的促销手段有广告、人员推销、网络营销、营业推广和公共关系。企业可根据实际情况及市场、产品等因素选择一种或多种促销手段的组合。促销的实质是信息沟通。企业为了促进销售,将信息传递的一般原理运用于企业的促销活动中,在企业与中间商和消费者之间建立起稳定有效的信息联系,实现有效的信息沟通。要进行有效的信息沟通,企业营销人员在促销活动中必须做到:明确信息沟通的目标,综合运用各种沟通方式,排除信息沟通障碍。

现代市场营销不仅要求企业发展适销对路的产品,制定具有吸引力的价格策略,使目标顾客能够轻松获取所需的产品,而且还需要对市场形象进行有效控制,设计并传播与产品外观、特色、购买条件以及产品给目标顾客带来的利益等方面的信息,即进行促销活动。广告是促销组合的重要组成部分,在促进产品销售、改善企业形象、活跃市场经济等各方面,都起着极其重要的作用。

现代企业运用促销组合(即广告、销售促进、宣传与人员推销等手段)来接触中间商、消费者及各类公众。中间商也可运用一套组合策略来接触消费者及其他公众。此外,消费者之间、消费者与其他群体之间还会通过口头传播进行信息交流。同时,各群体之间也会进行沟通反馈。

促销组合的构成要素可从广义和狭义两个角度来了解。广义而言,市场营销组合中的各个因素都可归入促销组合,如产品的式样、包装的颜色与外观、价格等都传递了特定的信息。狭义而言,促销组合只包括具有沟通性质的促销工具,如各种形式的广告、包装、展销会、购买现场陈列、销售辅助物(如目录、说明书、影片等)、劝诱工具(如竞赛、赠券、赠送样品等)以及各种宣传等。

这些促销工具各有其特殊的潜力和复杂性,因此需要对其进行专业化管理。然而，即使那些规模巨大的企业也无法为每一种促销工具都配备一名专家负责，一般只有那些十分重要并且频繁使用的工具才会实行专业化管理。从促销的历史发展过程来看，企业首先是明确人员推销职能，其次是注重广告的投放，再次是销售促进的实施，最后是宣传推广。

广告作为一种非人员推销形式，是指广告者（广告主）通过支付一定的费用，利用各种媒体（如报纸和杂志、广播电台和电视台、广告牌、商品目录）将商品信息传达给广大目标顾客，以达到广而告之的目的，从而促进商品的销售。

人员推销是指推销员与一个或多个潜在的购买者进行交谈，即通过口头陈述来推动销售活动的进行。

销售促进是指能鼓励购买或销售产品及服务的种种短期诱因。

宣传是指主办者无须花钱，在某种出版媒体上发布重要商业新闻，或者在广播电视中和舞台上获得有利的报道、展示、表演，用这种非人员推销形式来刺激人们对产品、劳务或商业单位的需求，从而促进销售。

企业的促销组合是由上述四种促销工具所构成的有机组合。

需要强调的是，促销组合的构成要素并不是一成不变的。随着企业市场营销实践的发展，新的促销工具也在不断涌现。

第六节　未来市场规划

企业需要有长远的发展眼光，不仅要制定产品的营销策略，也要制定未来市场规划，即分析在未来几年的企业发展任务，具体内容包括如下。

一、产品上市后预计达到的市场份额

在设计预计市场份额时，我们不能凭空想象，而应综合考虑多种因素，如产品自身的特点及其对消费者的吸引力，市场早期进入者或现实竞争者对产品的反应，潜在竞争者的竞争能力等。另外，这个目标实现的步骤，如何实现等都是需要考虑的问题。

二、产品的预期收益率指标

收益率是指投资所获得的回报与投资成本之间的比率，对企业而言，收益率指的是净利润占使用的平均资本的百分比，是投资者评估投资项目的重要指标。产品的收益率指标可以根据产品生命周期[①]的发展进行调整。

三、实现预期收益率需要采取的配套措施

例如，要生产出高质量的产品，必须通过技术改造来提高产品质量和竞争力；如果竞争环境允许，可以在第二、第三年适当提高价格等。

四、设计企业营销活动的预算

选择合适的营销活动预算方法，并设计企业营销活动预算，是企业发展的重要工作。企业还可以制定营销活动预算的增减标准，以明确发展计划。

---

① 产品生命周期（Product Life Cycle，PLC）是美国哈佛大学教授雷蒙德·弗农于 1966 年在"产品周期中的国际投资与国际贸易"一文中首次提出的，指产品的市场寿命，即一种新产品从开始进入市场到被市场淘汰的整个过程。弗农认为，产品生命是指市场的营销生命，产品和人的生命一样，要经历形成、成长、成熟、衰退这样的周期。典型的产品生命周期一般可以分成四个阶段，即介绍期（或引入期）、成长期、成熟期和衰退期。

常用的营销活动预算方法如下。

（1）销售百分比法。该方法以目前或预估的销货额为基准，乘以一定的百分比作为促销预算。

（2）量入而出法。该方法是以地区或企业负担得起的促销费用为促销预算，即根据企业所能负担的水平来设定促销预算。以该方法确定预算，不但忽视了促销活动对销售量的影响，而且每年促销预算多寡不定，使得长期的市场规划相当困难。

（3）竞争对等法。该方法以主要竞争对手平均的促销费用支出为促销预算。企业通过留意竞争者的广告或从刊物和商业协会估计行业促销费用，然后依据行业平均水平来制定预算。

（4）目标任务法。促销预算是根据营销推广目的而决定的，营销人员首先设定其市场目标，然后评估为达成这些目标所需投入的促销费用，并将其作为预算。目标任务法是最合逻辑的预算编制法。以目标任务法编制促销预算，必须尽可能地明确促销目标，确定实现这些目标所应执行的任务，并估计执行这些任务的成本。成本之和就是预计的促销预算。目标任务法能使管理者明确费用和促销结果之间的关系，但实施起来较为困难，因为通常很难算出哪些任务会完成特定目标。

另外，应特别注意的是，许多营销活动的效果是累积性的，必须到一定的程度才能发挥应有的效果。如果费用忽上忽下或发生中断，都会使效果大打折扣，还可能会打击内部士气，甚至会引起经销商或零售商的反感。

在此基础上，如果企业能够制定合理的战略发展规划，则更有利于企业的长远发展。所谓战略规划，就是制定组织的长期目标并将其付诸实施的过程和仪式。制定战略规划分为三个阶段，第一个阶段是确定目标，即企业在未来的发展过程中，要应对各种变化所要达到的目标。第二阶段是制定规划，当目标确定以后，考虑使用什么手段、措施和方法来实现目标。第三个阶段是将战略规划形成文本，以备评估、审批。如果审批未通过，那么可能需要进行多个迭代的过程，并考虑如何修正。

许多企业没有制定自身的长远发展战略规划，因此很难有效地避免发展过程中的风险因素。处于发展中的企业需要结合自身的发展需求，制定出符合自身的长远发展战略规划体系。

📝 文后思考

1. 请列举以下产品的主要品牌，并分析品牌是产品吗？你会因为产品的品牌而购买产品吗？品牌有什么重要性？

   A. 运动鞋

   B. 快餐

   C. 桃子

   D. 购物网站

2. 分析一个好品牌名必备的特征。

3. 请讨论成本加成定价法的优缺点。

4. 一个服装店以三种价格销售男装：180元、250元、340元。如果购买者以这些价格点作为参考价格来比较不同的服装，那么，

   A. 加入一种定价为280元的服装会产生怎样的影响？

   B. 预期售价在250元的服装的销售量是上升、下降还是不变？

   C. 加入一种定价在450元的服装又会产生什么样的影响？

5. 阅读下面的短文，试分析实体店的未来发展趋势。

   人们普遍有一种观念，即希望以较低的价格购买到尽可能多且质优的物品。有需求就有市场，伴随着越来越多手机比价软件的更新，比价软件的功能也越来越丰富。通过扫描二维码、拍照即可自动匹配商品，越来越多的精打细算的消费者也加入电商比价的行列中。

   有人认为，实体店商品的价格较高并非因为电商平台过于便宜，

而是因为实体店的运营成本高。实体店需要支付更昂贵的店铺租金，以及更庞大的人力和物力支出等，因此同款商品的单价通常会高于电商平台。例如，一件成本约为 1 000 元的商品，经过经销商与中间商的层层加价后，在实体店中的售价可能高达 5 000 元。这使得电商比价的价值大大增加。

随着电商的进一步发展，实体店举步维艰。电商比价对实体店而言犹如雪上加霜，比价后的电商流量与成交量大幅增加，进一步压缩了实体店的市场份额。一方面，实体店作为经营方处于弱势地位，市场份额不断被电商平台挤压，如服装、电子产品等领域。另一方面，采用传统线下销售渠道的企业将产品线扩展到线上平台，增加线上销售的比例，以应对竞争。

电商比价的出现对于消费者而言是一种福音。作为实体店，如何利用这次竞争是关键所在。实体店模式是否已经走到尽头？显然并非如此。但随着电商的进一步发展，电商将基本取代实体店成为社会销售的主流。实体店也有电商所不能媲美的优势，如实体交易、现场检验质量、便捷的售后服务等。但无论如何，O2O 将成为未来两者合作的主线。

6. "在产品到达消费者手中之前，先让中间商赚到钱！"这是可口可乐公司的营销准则之一。你怎么理解这句话？

7. 对企业来说，到底是短期计划重要，还是长期战略规划重要？原因是什么？

案例分析

案例 1　XYZ 公司的产品定价

假定 XYZ 公司正研究 A 产品的定价，该产品的估计成本资料如表 1 所示。

表1 A产品的估计成本资料

单位：元

项目	单价 × 数量	总成本
直接材料	10 000 × 7	70 000
直接人工	10 000 × 5	50 000
变动性制造费用	10 000 × 4	40 000
固定性制造费用	10 000 × 8	80 000
变动性推销与管理费用	10 000 × 2	20 000
固定性推销与管理费用	10 000 × 1.5	15 000
合计		275 000

目标售价在制造成本的基础上加成100%。

按照完全成本加成定价法，计算目标售价。

（1）按照完全成本加成定价法计算A产品每单位的制造成本，作为成本加成的基础。A产品的单位成本如表2所示。

表2 A产品的单位成本

单位：元

项目	单位成本
直接材料	7
直接人工	5
变动性制造费用	4
固定性制造费用	8
单位产品的变动成本	24

（2）以制造成本为基础加成100%，作为A产品的目标售价，具体如表3所示。

表3 A产品的目标售价

单位：元

项目	目标售价
直接材料	7
直接人工	5
制造费用	12
制造成本	24
成本加成：制造成本的100%	24
目标售价	48

假定要求在变动成本基础上加成150%，作为A产品的目标售价。

（1）按照变动成本法计算A产品每单位的变动成本，如表4所示。

表4 A产品每单位的变动成本

单位：元

项目	每单位的变动成本
直接人工	5
变动性制造费用	4
变动性推销及管理费用	2
单位产品的制造成本	18

（2）以变动成本为基础加成150%，作为产品的目标售价，如表5所示。

表5 A产品的目标售价

单位：元

项目	目标售价
直接材料	7
直接人工	5
变动性制造费用	4
变动性推销及管理费用	2
变动成本合计	18
成本加成：变动成本的150%	27
目标售价	45

案例2 航空公司：设站位多载三成乘客

春秋航空公司曾表示，希望管理部门批准设立站票。此言一出，立即引起网友热议。

据悉，春秋航空公司日前提出别具一格的三舱布局方案，重提站票设想。第一级是商务座舱，由现有的12个座位增加至24个，提供非常好的餐食，是所有航空公司商务舱中最好的餐食；第二级是经济舱，有78个座位；第三级是站票舱，大约有120个位置。旅客人数将在现有基础上增加30%。

站票位置类似于吧台座位，旅客可以站着斜靠在一块板上，背部有软垫，肘部有扶手，胸部有安全防护横挡，臀部还会有突出物支撑；旅客从肩膀到胸口，交叉绑上安全带；可以半坐，也可以直立，乘飞机过程将是安全的。

春秋航空公司提到，尽管这一想法早在2009年就提出过，但至今仍然只是想法，在飞机上设立站位，涉及的不仅仅是飞机制造厂和民航管理部门，还包括安全认证部门，目前这个问题并没有取得实质性的进展。

此前，曾有国内一知名网站针对飞机站票进行了调查，结果显示，七万名参与调查的网友中，有六成表示"只要春秋敢推就敢乘"；也有四成网友认为，推"飞机站票"会以缩小座位间距为前提，经济舱舒适度原本就不高，站位的舒适度还会再打折扣，因此不会购买站票。

据了解，目前国内"大型飞机公共航空运输承运人运行合格审定规则"中，对飞机的座椅甚至是座椅间距都有严格规定，并明确要求，在飞机于地面移动、起飞和着陆期间，飞机上每一个人均应当在经批准的座椅上就座，并用单独的安全带适当扣紧。至少从目前来说，春秋航空公司的这一设想还不能得到国内民航法规的许可。

复旦大学飞行器设计研究所则表示不赞同在飞机上设立站位。原因是，飞机站位存有安全性问题，飞机在飞行中也会遇到各种情况，座位肯定比站位安全。

北京航空航天大学飞行力学与飞行安全系教授也明确表示，不赞同在飞机上设站位，首先不安全，即使站着有安全措施，也不舒适，像被绑在柱子上一样。

案例 3　联想战略规划 [①]

联想集团的战略规划分为如下三个层次。

（1）确定集团战略目标及路线。联想集团的中长期战略目标及路线是公司最高层（执委会）定期"务虚会"的主要内容，其形成过程并非遵循固定的模式，而是一个反复沟通分析的结果。为了适应 IT 产业的快速变化，联想集团每年都会回顾并调整其战略目标及路线，以适应新的情况。联想集团的战略目标及路线通过会议发言等形式向集团内外传达。这些目标及路线对公司的各项活动起着重要的指导作用。为此集团规划部门制定了"联想集团的规划管理大纲"，对目的、原则、规划职责、阶段进行了指导性说明。

（2）子公司层次的战略规划。在集团中长期战略规划及路线的指导下，子公司的战略规划基本按"上—下—上—下"的方式展开。

（3）业务部门的业务规划和经营预算。业务部门的业务规划受到整个集团上下的高度重视。联想集团在 1998—1999 年两次召集全国各地的所有高级经理进行为期 1～3 天的业务规划、经营预算的培训。在联想内部评价成绩时，对于是"瞄着打"还是"蒙着打"或是"打了再瞄"，建立了清晰的区别。另外，联想的业务规划的意义不仅仅限于规划结果，更重要的是业务规划过程本身对推动各级经理人思考和总结、强化经营意识、树立"说到做到"的联想文化起到了巨大作用。

[①] 石盛林，贾创雄.战略管理：实践、理论与方法：以企业生命周期为主线 [M].南京：东南大学出版社，2009.

子公司层次的战略规划是业务部门年度业务规划的重要指导。业务规划的结果将落实到每年的经营预算中，各业务模块的预算都必须与业务规划相联系，在"能量化的量化、不能量化的细化"的原则指导下，业务规划按责任中心和时间进度，分解落实成具体的成本、利润、销量、时间、满意度等指标。

业务规划要求首先确立宗旨和职责，并据此在非常详细的环境分析基础上制定全年的目标，然后进行经营预算、业务规划、管理规划。以下是联想集团事业部的一个规划的五步酝酿过程。

第一步是启动点，即干部的务虚研讨会。基本上，所有处级以上干部都要参加这个务虚的研讨。

这一步的任务是明确整年工作的一个指导思想，确定全年的工作目标，建立整个大预算的框架，分工明确，并确定推进时间表。

第二步是分块多轮次的研讨。提出每一块的规划草稿，以使全员参与，提高规划的准确性，减少阻力，并建立沟通平台。

第三步是分块汇报和修改。这个汇报基本上是以事业部所有总经理级以上干部的联系会的方式进行的，对每块的规划进行研讨、修整，之后形成分块和定稿。

第四步是由事业部的经营管理部进行整合。

第五步是根据几大修改意见编制规划方案。这一过程历时将近三个月，几乎是全员参与。

案例讨论

1. 根据案例 1，请分析完全成本加成定价法与变动成本加成定价法的区别。

2. 根据案例 2 请分析春秋航空公司想推出站票是基于哪种定价方法？作为消费者，你是否愿意尝试？原因是什么？你认为市场对这种产品会持什么态度?

3. 根据案例 3, 请讨论战略规划的重要性是什么? 企业为什么要进行
战略规划? 你的人生战略是什么呢?

第七章

新媒体营销策划

导读

新媒体营销策划本质上是4P's理论中营销渠道的改变。这种改变不仅涉及与此相适应的产品、价格、促销方式的配套调整，也是一种适应互联网思维的变化。但是，互联网思维的普及是否与传统营销方式相一致呢？我们可以从以下言论中有所领悟。

京东集团一位高管表示他并不认为互联网具有特殊的思维，而是认为互联网所有的模式最终都不会超越传统企业的思维。互联网为整个社会带来的根本性改变降低了整个社会的交易成本，提升了全社会的运营效率。京东集团在创立之初的净利润都来自线下业务，但他们还是决定放弃线下业务，转做电子商务。相关数据显示，电商比传统线下业务有更大的用户体验改进空间，可以很轻松地提高购物体验，并做出更多个性化的服务。

相比之下，另一位知名企业家则认为，做传统商业有一个抢占制高点的说法，就是比尔·盖茨所说的商业中最重要的是要有定价权。但是互联网信息高度透明，没有这个制高点，都是平台，所以要想在互联网上追求暴利与普通商业追求暴利是格格不入的。我们应该寻找真正有价值的领域，如空气污染、能源消耗，利用互联网技术搭建平台，以减少能耗。

学习目标

➢ 认识新媒体营销策划的本质。

➢ 能够根据营销学理论在新媒体营销策划方式下进行营销。

第一节　新媒体及新媒体营销策划

随着新媒体时代的到来，新媒体逐渐融入人们的生活中。在价值理念发生新的变化以及社会信息面临重整的背景下，新媒体营销策划应运而生。这不仅为商业领域带来了新的商机，而且将社会群体服务引领到了社会的最前沿。作为新媒体最重要的两个领域——互联网和移动增值，它们不仅在新媒体市场中占据重要的席位，而且在市场格局中处于领先地位，成为目前市场的主流。

新媒体产业快速发展，广阔的市场与日渐凸显的影响力吸引了大量资本流入，营销价值得到加强，国际化竞争加剧，整体产业向纵深发展。早在 2008 年北京奥运会时，新媒体就作为独立的传播机构与传统媒体一起被列入奥运会的传播体系。互联网等新媒体平台被正式纳入赛事。

新媒体（New Media）的概念最早由美国哥伦比亚广播电视网（CBS）技术研究所所长戈尔·德马克于 1967 年提出。关于新媒体的界定，有如下几种观点。

一是国内某高校教授认为，首先，相对于传统媒体而言，新媒体是一个相对的概念；其次，新媒体是一个时间概念，在一定的时间段内代表该时间段的新媒体形态；最后，新媒体是一个发展概念，它永远不会停留在某个固定的媒体形态上，即新媒体要不断更"新"。

二是美国的《连线》杂志将新媒体定义为：由所有人面向所有人进行的传播（Communications for All，by All），即新媒体要面向更"广"的人群。

三是当代新媒体是大众传播向分众传播转变的标志，它不仅仅是传统的大众传播工具，更是分众传播的最好方式，即信息传播须更"快"。

综合以上观点，我们可以认为，新媒体是利用各种信息化技术，通过不同的渠道及各种服务终端，更新、更广、更快地向用户提供信息和娱乐服务的传播形态与媒体形态。

新媒体营销策划是在新媒体发展的基础上，通过新媒体渠道开展的营销活动。传统的营销（广告及公关）追求的是所谓的"覆盖率"（或者叫到达率），在报纸杂志上的体现就是发行量，在电视广播上的体现就是收视（听）率。与传统的营销方式相比，新媒体的营销模式突破了传统的限制，不仅能够精确地获取访问量，还能够收集整理出访问的来源、时间、受众的年龄、地域以及生活消费习惯等信息。这比传统营销更精准、更有效、更节省时间。而且事实表明，采用新媒体营销策划可以使企业由单极向多极发展，选择性更多；企业能够更有效地收集客户资料，针对目标客户进行营销；降低成本，提高效率；更快更好地进行企业品牌宣传。总的来说，新媒体营销策划是一种基于特定产品的概念诉求与问题分析，对消费者进行针对性心理引导的营销模式。从本质上来说，它是企业软性渗透的商业策略在新媒体形式上的体现，通常借助媒体表达与舆论传播使消费者认同某种概念、观点和分析思路，从而达到企业品牌宣传、产品销售的目的。

第二节　国内外新媒体营销策划发展现状

一、新媒体营销策划的优势

1. 传统营销面临危机

传统营销是一种交易营销，其核心理念是将尽可能多的产品和服务提供给尽可能多的顾客，但是随着信息浪潮的涌入，社会群体的需求呈现出多样化、层次化和时尚化的特点。尤其是新媒体的出现，引领着我们进入一个全新的营销领域——新媒体营销策划，而传统营销也因此面临着现实危机。

（1）传统营销的模式单一。传统营销采用固定的层次模式，即"知晓—了解—喜欢—偏好—信服—购买"。虽然这种模式在一定程度上增强了消费者在消费过程中的交流性，但是在信息多元、需求多样的现实背景下，单一、固定的模式势必会成为传统营销发展的阻碍。

（2）传统营销的成本高昂。传统营销强调将尽可能多的产品和服务提供给尽可能多的顾客，这需要大量的广告宣传和产品或服务的提供。因此，传统营销需要巨大的成本投入。

（3）传统营销见效缓慢。传统营销之所以取得现有的成绩，不仅经过了漫长的发展，而且其服务渠道具有单向性。因此，在消费者与经营者之间沟通不畅快的情况下，传统营销的效果往往较为缓慢。

2. 西方营销经验不足

在逐步迈向信息化时代的进程中，世界正变得越来越紧密相连。新媒体营销策划作为信息化时代的产物，已经成为全球范围必须学习的内容。美国西北大学教授唐·舒尔茨曾指出，面对新媒体革命，现有的市场营销体系并未做好准备。各国的新媒体营销策划都处于"汹涌澎湃的数字海洋中飘荡"的状态，实际上，对于中国相关公司来说，很少有可以借鉴的外国经验。由此可见，西方营销经验呈现出一种欠缺的态势，也没有可供学习的先例。但是我们应当掌握如下几点内容。

（1）关系整合，杜绝"孤岛模式"。构建信息网络，搭建交流平台，拓展营销渠道，形成新媒体营销策划的庞大网络，而不采取西方那样相互分割、相互独立的"孤岛模式"。

（2）加快创新，占领市场前沿。正如唐·舒尔茨所言，"坐等收钱的模式已经过时""消费者已经控制了广告的收看权"。因此，要想占领市场前沿，就应该探索新媒体营销策划道路，创新市场营销模式，找准消费点，把握信息化时代的脉搏，关注消费者对品牌的反应。

二、新媒体营销策划的现状

新媒体营销策划作为一种新兴、快捷、经济的营销方式，现在已引起了中国企业的普遍关注，并呈现不断发展和壮大的趋势。因此，要分析新媒体营销策划的特点，必须对其现状进行了解。

（1）新媒体营销策划呈现网络社区化态势。随着 WEB 2.0 的发展，微博、博客、BBS 等论坛异军突起，使得网络社区成为新媒体营销策划的主要阵地。

（2）新媒体营销策划符合碎片化整合的要求。随着消费者需求的多样化，传统媒体和网络媒体等提供的信息呈现"碎片化"状态，各种媒体信息需要二次整合。

（3）新媒体营销策划模式的多元化得益于双向的信息流通渠道和畅通的网络平台。同时，精细营销也是新媒体营销策划的一个重要体现。当然，由于现有制度和体系的缺失，新媒体营销策划也面临着一些困境，如数字营销、评价体系、代理公司角色定位等方面的问题。

因此，新媒体营销策划的处境可谓机遇与挑战并存。企业应当把握机遇，迎难而上，开拓一片新的市场营销领域。

三、新媒体营销策划的特点

1.成本低廉

（1）经济成本低廉。经济成本的降低可以有效减少资金投入。首先，固定成本的降低是一个重要的方面。通过新媒体营销策划创建网络平台，可以减少固定资金的投入。其次，流动成本的降低也是关键。在新媒体营销策划过程中，企业可以借助多媒体技术手段，以文字、图片、视频等多种形式对产品、服务进行描述，为新媒体营销策划提供逼真的表现效果，从而使潜在消费者更形象、更直接地接受企业的营销信息。

（2）技术成本低廉。新媒体营销策划是科学技术发展到一定程度的产物，其技术含量当然会很高，但与高端技术相比，新媒体营销策划的技术成本并不高。以微博为例，微博营销对技术性支持的要求相对较低，具体表现为企业微博的注册、认证、信息发布和回复等功能使用非常简单。

（3）时间成本低廉。新媒体营销信息的传播无须经过相关行政部门的审批，简化了传播的程序；网络信息传递的互动性使得营销信息能够获得"一传十，十传百"的效果。因此，这种便捷式的传播方式，使得新媒体营销策划的时间成本自然降低。

2.应用广泛

随着新技术和新思维的不断涌现，新媒体营销策划的传播渠道日益增多，其应用领域也日新月异、层出不穷。

（1）博客营销。博客营销是指企业或者个人利用博客平台发布并更新相关概况及信息，同时密切关注并及时回复平台上客户对企业或个人的相关疑问和咨询，以达到宣传目的的营销手段。

（2）网络视频。在网络媒体中，信息传播模式变为双向性和互动式，以受众为中心，受众可以自由选择自己需要的节目。随着网络媒体的崛起，网络视频开拓了很多领域，主要有视频分享类、网络直播类、网络传媒类和企业视频应用类等。

（3）网络社区。网络社区是网站提供的虚拟频道，让网民进行互动、情感维系及资讯分享。微信群、朋友圈、BBS、SNS、聊天室等是其主要的表现形式。网络社区的成功运营，可以带来更多的流量，增加广告收入，而注册会员则能够拥有独立的资讯存放和讨论空间。

（4）交互网络电视。交互网络电视是指通过互联网络特别是宽带互联网络传播视频节目的服务形式。交互网络电视是集合了传统电视传输影视节目的优势和网络交互传播的优势的新型电视媒体。它的发展使得传播者与接收者之间的角色不断互换、移动。

（5）移动电视。移动电视具有覆盖范围广、反应迅速、移动性强的特点。它不仅具有传统媒体的宣传和欣赏功能，还能用于城市应急信息的发布。移动电视正是抓住了受众在乘车、等候电梯等短暂的时间间隙进行强制性传播，使消费者在别无选择时被吸引。

（6）手机。直播互动营销以快速、互动的即时沟通模式取代了单向广告传播方式。它拥有真实、精确且强大的数据库分析挖掘功能，实现了真正意义上的分众沟通。

3. 模式健全

随着新媒体营销策划应用领域的不断拓展，新媒体营销策划模式异军突起，目前呈现八种较为健全的运行模式。

（1）微博营销。一旦将受众感兴趣的内容和容易引起讨论的话题投入受众中，就会引起热烈讨论和参与，从而形成持续的传播浪潮。企业只需创造合适的话题，并将其传播给受众群体，然后静观其变，等待受众在话题的原始形态和构成上自由发挥、创造，不断丰富其内容。

（2）SNS营销。SNS全称为Social Networking Services，即社会性网络服务，指的是旨在帮助人们建立社会性网络的互联网应用服务；也可以指代已成熟普及的社会信息载体，如短信SMS服务。另外，SNS还可以解释为Social Network Site，即社交网站或社交网。

（3）LBS位置营销。LBS全称为Location Based Service，即通过电信移动运营商的无线电通信网络或外部定位方式获取移动终端用户的位置信息，在GIS（Geographic Information System）平台的支持下，为用户提供相应服务的增值业务。它融合了行为、时间和地理三个方面，以其精准的定位能力著称。

（4）网站营销。网站营销（Website Marketing）是最突出的、能够同社会各个层面沟通的一种形态，也是企业所有营销传播的基础。它不仅可以塑造、传达品牌形象，而且可以利用新媒体平台为企业提供更多可控制的传播方式，传播自己的品牌信息等。

（5）搜索引擎营销。搜索引擎营销（Search Engine Marketing）是根据用户使用搜索引擎的方式，利用用户检索信息的机会尽可能地将营销信息传递给目标用户。具体形式主要包括付费搜索广告、搜索引擎优化两种。用户检索所使用的关键词反映出用户对该问题产品的关注。简单来说，搜索引擎营销是企业采用的一种基于搜索引擎平台的网络营销方法，它利用人们对搜索引擎的依赖和使用习惯，在人们检索信息的时候尽可能地将营销信息传递给目标客户。通过让自己的网站在某个关键词的搜索结果中排到靠前的位置，越靠前越好，从而吸引更多的关注、点击和商业机会，这就是搜索引擎营销的价值所在。但这种营销方式也引发了一些关于商业道德问题和高垄断方式的争议。

（6）视频营销。视频营销是一种极富创造性的营销模式，通过网友上传视频进行互动。这种模式启发了国内很多视频网站的开发和成长。新生代市场监测机构的调查显示，在网上浏览视频的消费者的比例已经达到36.3%。而电视厂商互联网电视产品的推出，也让网络视频渗透到传统电视终端。

（7）软文营销。软文是一种相对于硬性广告而言的营销方式，由企业的市场策划人员或广告公司的文案人员负责撰写。它追求一种春风化雨、润物无声的传播效果。软文是基于特定产品的概念诉求和问题分析，对消费者进行针对性心理引导的文字模式。从本质上来说，它是企业软性渗透的商业策略在广告形式上的体现，通常借助文字表达与舆论传播使消费者认同某种概念、观点和分析思路，从而达到企业品牌宣传和产品销售的目的。

（8）App营销。App即应用程序，是英文单词Application的缩写。App营销指的是通过智能手机、平板电脑等移动终端上的应用程序开展的营销活动。作为移动互联网时代的新兴营销模式，App营销凭借精准互动和个性化的特点备受企业推崇。App给手机电商带来的流量远远超过了传统互联网（PC端）的流量，通过App进行盈利成为各大电商平台的发展方向。事实上，各大电商平台向移动App的倾斜也十分明显。手机移动终端的便捷性为企业积累了更多的用户，而且一些用户体验不错的App大大提高了用户的忠诚度和活跃度，从而对企业的创收和未来发展起到了关键性的作用。

4. 前景广阔

随着新媒时代的不断演化，新媒体应用为企业带来了众多营销机遇。要把握潮流方向，理解并顺应新媒体格局的变化，促使企业营销理念升级。

（1）媒体传播的碎片化与受众重聚。新媒体的逐步发展演进，势必会有两个革命性的突破：一是传播方式的转变，即在互联网技术的影响下，单向传播演变为双向传播，使得每一个信息接收者都有可能变为信息源或者传递者；二是移动网络的广泛应用，使媒介载体更加趋向多元化、便利化。二者结合最终导致了受众模式从"碎片化"到"重聚"不断转换。

（2）新媒体应用的策略与理念转化。新媒体内容及内容背后的价值观是左右受众"碎片化"和"重聚"的重要因素。例如，在传统电视走向双向机顶盒数字电视之后，电视观众不再受时间约束，不必收看即时播出的电视剧，而可以选择回放一周内的电视剧或者在晚间收看中午播出的新闻节目。从收视率来看，晚间的收视率被分流了，从而表现出"碎片化"的特征。这种分化及重聚的过程很显然是基于内容选择的，而这势必会迎来新媒体营销策划领域中企业应用策略与理念的转化。

（3）互联网互动营销平台成长空间。以微博为例，微博作为快速发展的新兴网络应用，对互联网产业将产生深远的影响，以之为基础的微博营销因而具有鲜明的成长性特征，成为企业不可忽视的互联网互动营销平台。

营销是一种创新活动，包括发现新的元素和对现有元素进行创新性整合两个维度。新媒体营销策划的核心在于降低成本、扩大覆盖范围、提高影响力、促进行为发生。随着新技术的产生，定会不断有新产品、新终端、新模式出现，而未来的新媒体营销策划，应是"终端、产品（服务、体验）与模式"之间多样态、多维度的创新性结合。在现代企业营销中，媒体的任务不再仅仅是发布企业产品信息，而是要实现与顾客或者相关利益者的对话和交流。实际上，客户和相关利益者获得的很多关于企业的信息并不是来自传统意义上的大众媒体，而是来自新媒体，因此新媒体在传播中所占的比例将越来越大。在新媒体不断发展并对人们的生活产生越来越重要影响的时代背景下，营销企业只有充分意识并把握这些新特点，才能适应新的传播时代，更好地利用新媒体进行精准有效的广告投放，从而使广告发挥更大的传播效果。

第三节　新媒体营销策划策略

4P's 营销组合是由麦卡锡在 1953 年提出的营销组合思想的基础上进一步凝练提出的，首先它被出版在麦卡锡于 1960 年著作的《市场营销学基础》一书中，随后菲利普·科特勒在 1967 年出版的《营销管理：分析、计划、执行和控制》中予以再次确认。4P's 的核心思想是：综合运用企业可以控制的营销策略，实现最优化组合。

在新媒体时代，信息和知识呈现出爆发式的增长与传播，其速度远远超过了生产规模的扩大速度。市场从规模经济又转向细分经济，注重打造细分市场和个性化市场。在这种情况下，企业从长远和稳定发展的角度出发，必须重视企业的生产运营，并与市场发展和消费者需求相适应。正因如此，个性化需求成为生产企业的重要关注点。每个消费者的个性化需求都具有独特的特征，因此如何搜集每个消费者的个性化需求特征就成为一个重要问题。互联网最显著的特征是即时性、互动性和不间断服务性，它的出现掀起了营销界的又一个巨浪。企业将传统意义上的营销与网络顾客服务相结合，以实现"多对多"营销。所谓"多对多"意味着将每个消费者视为独立个体，与其他消费者有所区别，并且每个消费者的情况都是已知的，从而更有针对性地开发市场，并进行有反馈的双向沟通。借助互联网这一工具，企业需要建立庞大的数据库，收集整理现有消费者和潜在消费者的信息，并进行分析。

一、新媒体营销策划组合策略

美国营销专家劳特朋教授于 1990 年提出了 4C's 营销理论，该理论指出传统营销的 4P's 仅从企业角度出发来制定营销决策，忽视了顾客真正的价值需求，而 4C's 是以消费者需求为导向，认识到市场营销中消费者的注意力被各种各样的信息所吸引，品牌要到达潜在目标的眼、耳、心，需要更加立体、多元的组合式传播与沟通。

4R's 组合是由舒尔茨于 1999 年提出的，旨在从企业和顾客互动的角度设计营销活动（实质是一种供应链管理的思维视角）。该组合包括如下四个方面的内容。

（1）关联（Relevancy），即建立、保持并发展企业与顾客之间的互助、互求、互需关联，培养顾客忠诚，构建命运和利益的关联共同体。

（2）关系（Relation），即建立企业与顾客之间的长期关系，从一次交易向多次交易转变，从短期利益导向向长期利益导向转变，从顾客被动接受产品向顾客主动参与生产转变，从利益冲突的甲乙方向合作方转变，从交易管理向关系管理转变。

（3）反应（Response），即企业建立快速反应机制，站在顾客角度及时倾听顾客的需要，并及时答复和迅速做出反应，降低顾客抱怨，减少顾客流失。

（4）回报（Return），即双方在营销活动中要合作共赢，优质的营销活动自然会有来自顾客的货币、信任、支持、声誉、忠诚等物质和精神的回报。

该组合的前提和内涵如下。

（1）站在企业与顾客互动的立场上看待营销活动。

（2）企业与顾客在营销中处于平等地位，双方能够对等或基本对等地进行交流。

（3）对顾客的需求及时做出响应是互动质量的保证。

（4）双方在营销活动中必须注意两个准则：一是从长期关系保持出发进行互动交流和交易，二是保持互惠互利。

4R's 的各个方面处于营销活动的不同维度，彼此之间相互影响，共同支持企业短期营销效果和长期生存发展。

二、新媒体营销策划其他策略

1. 品牌营销策略

品牌作为企业最重要的一种无形资产，实际上代表着企业的商业信誉价值。企业的品牌与形象、品牌与定位、品牌与价值之间存在着正相关的关系，即品牌的认可度和忠诚度越高，其相关属性也会往越好的方向发展。

因此，品牌知名度的提升及企业良好形象的建设是提高企业商业信誉价值的关键。新媒体兴起给企业带来的影响是全方位的，同时也为品牌营销方面提供了新渠道。首先，基于新媒体最突出的互动性特征，构建企业和消费者双向沟通的平台。在这个平台上，企业向消费者传播企业的品牌形象和文化，而消费者则可以发表自己的用户体验、意见和建议，从而有助于增强消费者的忠诚度。其次，基于新媒体形式多样性的特征，搭建企业的营销平台，如微博、微信、贴吧等。最后，基于新媒体的多媒体性，以丰富多彩的形式将企业的创新元素融入营销理念和过程中，从而提高品牌形象的价值。新媒体在提升企业品牌价值方面发挥着重要的作用。

在 21 世纪的知识经济时代，作为新媒体营销策划中最具有发展潜力的分支——品牌营销，将在全生命营销体系中发挥自己的特长，并产生举足轻重的作用。

2. 事件营销策略

事件营销的核心在于对有新闻价值、社会效应和名人效应的事件进行策划和利用，并利用新媒体快速传播的特点，引起社交媒体、社会组织和消费者的关注，提高品牌知名度、认可度和忠诚度，最终达到提高产品销量，赢得更多利益的目的。这种营销手段的突出特点就是受众极广，并且突发性极强，能够迅速使信息传播量达到最大，快速吸引消费者眼球，也能快速实现最优的传播效果。在新媒体时代，事件营销应该建立在企业品牌与消费者的共鸣体系中，将"情感传播"作为核心理念。情感因素是决定事件营销效果优劣的决定性因素。实现情感共鸣不仅能提升消费者对企业品牌的认可度，而且能让消费者参与到品牌传播中，成为传播媒介，以使事件营销的效果倍增。事件营销还应该立足于时代背景，关注两个层面：一是关系维护，二是引爆关注热潮。借助新媒体本身的传播特点，找准切入点。因此，进行事件营销的策划师必须认清当前事件的本质和舆论环境，把握事件营销尺度的关键在于充分考量事件本身并将事件与品牌传播相关联。事件营销的风险在于，一旦失败，很有可能引发公关危机。

3. 植入式营销策略

植入式营销是一种战略性的营销手段，其核心是将产品或品牌及其具有代表性的视觉符号、服务内容等有机地融入电影、电视剧或电视节目的内容中。这种融入可以是作为演员使用的道具，通过场景的再现，使观众留下对产品及品牌的印象，从而实现营销的目标。相较于硬广告，植入式广告具有更低的成本，同时在接受程度上也更具优势。因为植入式广告巧妙地穿插在影视作品的剧情中，使得消费者更容易接受和记忆。这样一来，人们在不知不觉中就提高了对产品的认知度。目前的植入式营销模式有四种，分别是场景式、对白式、情节式和形象式。场景式植入指的是将品牌符号或产品实体设置在剧情的发生过程中或场景中。对白式植入指的是通过剧中人物的对话，将产品名称或者广告词巧妙地融入其中。情节式植入指的是将品牌产品作为整个故事的重要组成部分和推动故事情节发展的重要因素，甚至可以将植入的关键内容贯穿在整个剧情中。形象式植入指的是根据品牌或企业所要传达出的主要信息，将其植入到影视剧中，并将其设计成为主人公的个性或内涵的外在表现形式，同时伴随剧情的进展，通过展示剧中人物的形象，来塑造或提升产品的形象。

4. 体验式营销策略

体验式营销是指通过刺激消费者的感觉器官，使其对企业的消费行为不仅仅局限于购买，而能通过看、听、用等参与到企业的生产销售活动中去，同时调动其感性因素和理性因素，提升其对品牌的认可度和忠诚度的一种营销方法。相较于传统营销中消费者只具有购买行为的状况，体验式营销能给消费者带来更深刻的体验和感受，进而使其获得更多的满足感。约瑟夫·派恩在《体验经济》一书中指出，企业以服务为核心，以产品为素材，为消费者提供制造更多值得回忆的机会，从工作和生活情景出发，以带动消费者的感官体验和认可，进而集中消费者的注意力，改变消费者的心理和行为，为企业和产品的生存创造更广阔的空间。体验式营销将消费者的体验和感受放在首位，充分表达出对顾客的理解、尊重和关心。体验式营销的典范就是华为手机和苹果手机。这两家公司在国内各大商圈、高铁站等设立体验店，通过这种方式提升用户的购物满意度，并且在消费者体验过程中提供免费试用机会，收集体验报告，这样不仅有助于产品设计的改善，而且能提升消费者对产品的好感度。新媒体时代的体验式营销形式不仅仅局限于消费者的现场体验和销售，更能够通过新媒体技术和手段对产品与活动信息进行广泛传播，吸引更多的消费者。此外，它还能够在消费者间和消费者与企业间进行互动，这种互动性能够拉近企业与消费者的距离，从而提升整体营销效果，创造更大的利润前景。

5. 互动营销策略

互动营销是指企业与消费者通过沟通交流，以达成交易的目的。一般来说，新媒体营销策划先进行前期策划，然后通过与消费者的积极互动，慢慢引导消费者参与其中，从而建立企业与消费者之间的紧密联系。企业与消费者之间的互动，追根究底是为了提高消费者对企业的信任度，进而促使其购买企业的产品。因此，企业或商家与消费者互动得越好，交易成交的概率也就越大。在新媒体平台上进行互动营销时，一味地追求消费者的数量而不追求消费者的质量是不可取的。只有真正站在消费者的角度并为其着想，才能提高消费者的满意度。

6. 口碑营销策略

菲利普·科特勒将21世纪的口碑营销传播定义为：通过明示或暗示的方法，由生产者以外的个人直接传递关于某一特定或某一种类的产品、品牌、厂商、销售者，以及与之相关的任何组织或个人信息，从而影响受众的态度和购买行为。新媒体营销策划将口碑与网络营销进行了有机的结合，利用新媒体平台以文字为载体，促进企业与消费者之间的互动，以实现销售效益的提升。新媒体的加入使得口碑营销具有病毒式营销的特征，其核心在于能"感染"目标受众的"病毒体"，而这种"病毒体"的影响力则直接影响营销传播的效果。在当今信息爆炸的时代，消费者对广告甚至新闻都具有较强的免疫力，因此只有制造新颖的口碑传播内容才能吸引大众的关注与讨论。

✎ 文后思考

1. 试分析新媒体营销的未来发展趋势。
2. 根据 4P's 理论，总结新媒体营销方式与传统营销方式的具体区别。
3. 许多基于传统营销方式的企业如何更好地融入新媒体营销？请举例说明。

案例分析

"小乡村"成就"大舞台"，短视频开拓三农"致富路"

"还记得那是 2021 年 10 月 15 日的晚上，我打开手机，发现前一天拍的卖羊肉视频已经有 1 000 万的播放量。一周之后，播放量冲到了 6 000 万，涨了 150 多万粉丝。"

说话柔声细语、砍羊肉极为麻利。很多网友是从快手上认识的"羊肉西施"郭柳玲。近日，她在 2023 首届快手三农生态大会上分享起自己的短视频创作历程。

走红以后，如今的郭柳玲已从"羊肉西施"荣升为"国货广告女主"。而以郭柳玲为代表的一大批优质创作者也充分抓住三农发展新机遇，获得变现和产业赋能。

从一个默默无闻的视频创作者，到拥有 400 多万粉丝的知名视频博主，郭柳玲花了两年多的时间。

2021 年，从重病的父亲手中接过羊肉铺后，她拍短视频的初衷是给羊肉铺做宣传。"那时，我和老公刷短视频看到别人拍自己卖鱼的视频，觉得我们也可以试试。"

这一试，也让更多人认识了郭柳玲。随着关注度越来越高，主打生活类内容的她，也努力把场景拓宽，拍家庭生活，拍乡村美食，拍摆摊系列，以吸引更多的粉丝。

在她的短视频中，大家看到的郭柳玲不仅是一个好女儿，更是一个对生活充满积极乐观态度、爱护家人的博主。

郭柳玲说过，"我们每个人都有机会成为主角"。如今，三农短视频也成为农民展示美好生活、表达生活态度的窗口。

数据显示，快手三农兴趣用户规模已达3.3亿，乡村用户每天在快手互动量达7.8亿次。每月有4 246万乡村用户在快手创作和分享，发布3.78亿条内容。

一年四季，春种秋收，从南到北，物产各异。面对乡村这片新鲜题材的"沃土"，创作者聚焦的内容也各不相同。他们或在视频里展示着"色香味"，记录农村四季风景的变化；或展示着"人情味"，讲述农村家庭和远亲近邻间的人情往来与感人故事。

"我们也希望乡村的美好生活能被大家看到，为此，快手发起'我的乡村生活'系列活动，投入数亿流量并进行作者扶持，该系列内容累计播放量已达千亿以上。"快手潮流生活业务负责人黄咪咪表示。

平台扶持下，过去一年，快手上三农的创作规模增长50%，三农的内容点赞率日均比去年增长34%，通过短视频平台，越来越多的乡村创作者在快手收获关注，从素人成长为达人，达人成长为红人。

在面向三农创作者推出扶持计划的同时，快手也提供了多元变现通路，从本地生活农资渠道、电商渠道、商业化渠道三大创收渠道，助力三农创作者实现商业收益。

"现在我一个月能接到6~8条商单，一年的收入已经上百万。"如今实现更好生活的郭柳玲，即是通过快手的磁力聚星与品牌合作，实现商业变现。

　　随着快手三农用户的规模逐渐增加以及整体内容的快速发展，快手的新农人社区正逐渐呈现出自己独特的生命力。这种生命力也体现在快手三农的技术化、潮流化、产业化和年轻化上。

　　正如中国农业电影电视中心副总编辑黄霞所言，以快手为代表的短视频平台，已经成为助力乡村振兴的重要力量。借由短视频平台的力量，乡村的好货好物走进千万家，乡村相关产业迸发出新活力，乡村文化的生命力传递给千万人，在物质文明和精神文明的层面，双重助力乡村振兴战略实施落地。

　　注：本资料选编自中国新闻网，2023-10-28。

案例讨论

1. 请总结本案例中使用的新媒体营销策划模式和策略有哪些？
2. 在新媒体营销策划中，你是否了解其他更经典的案例，试着分享相关内容。

全国大学生电子商务三创赛简介及参赛作品框架①

一、全国大学生电子商务三创赛简介

全国大学生电子商务"创新、创意及创业"挑战赛（以下简称三创赛）是在 2009 年由教育部委托教育部高校电子商务类专业教学指导委员会主办的全国性在校大学生学科性竞赛。根据教育部、财政部（教高函〔2010〕13 号）文件精神，三创赛是激发大学生兴趣与潜能，培养大学生创新意识、创意思维、创业能力及团队协同实战精神的学科性竞赛。

在中国高等教育学会发布的全国普通高校大学生竞赛排行榜中，本大赛在 57 项赛事中排名第 14 位，深受全国广大师生的信赖与支持。

大赛的目标是：强化创新意识、引导创意思维、锻炼创业能力、倡导团队精神。三创赛一直秉持着"创新、创意及创业"的宗旨，致力于培养大学生的创新意识、创意思维和创业能力，为高校师生搭建一个将专业知

---

① 本附录为全国大学生电子商务竞赛实例，供参赛者学习。

识与社会实践相结合的平台，提供一个自由创造、自主运营的空间。大赛的宗旨是：大赛促进教学，大赛促进实践，大赛促进创造，大赛促进育人。

自 2009 年至 2021 年，三创赛已成功举办了 11 届。全国总决赛分别在浙江大学、西安交通大学、西南财经大学、华中师范大学、成都理工大学、太原理工大学、河南科技大学、云南工商学院举办。经过多年的发展，大赛的参赛队伍不断增加，从第一届的 1 500 多支到第十一届的 10 万多支。参赛项目的内涵逐步扩大，从最初的校园电商到"三农"电商、工业电商、服务电商、跨境电商，以及 AI、5G、区块链等领域的创新应用。大赛的规则也在不断完善，从而保证了大赛更加公开、公平和公正。随着比赛规模越来越大，影响力越来越强，三创赛现已成为颇具影响力的全国性品牌赛事。

根据教育部落实国家"放管服"政策的要求，自第十届三创赛开始，大赛主办单位由教育部高校电子商务类专业教学指导委员会转变为西安交通大学和全国电子商务产教融合创新联盟。以此为契机，三创赛竞赛组织委员会对大赛的生态服务体系进行了多方面创新建设与探索：2021 年对外正式发布了原创的《三创赛之歌》(获得了著作权证书)；为了助推产教融合的成功转化，在第十一届全国总决赛中引入了投资商参加。

二、全国大学生电子商务三创赛参赛作品框架

（一）项目名称

（二）文前

1. 团队介绍（包括参赛团队名称、组长、队员、指导教师、关键词）

2. 摘要

（三）正文

1. 项目简介

（1） 项目建议对经济发展的意义

　（2）　项目目标与近期效果

　（3）　项目主要内容

　（4）　项目技术路线

　（5）　项目特色

2. 项目分析（创新）

　（1）　市场需求分析

　（2）　市场定位分析

　（3）　可行性分析

　（4）　其他（高科技技术应用）

3. 项目设计（创意）

　（1）　产品形态设计

　（2）　经营模式设计

　（3）　技术方案设计

　（4）　组织机制设计

　（5）　财务管理设计

　（6）　风险控制设计

　（7）　与同类项目的差异化分析

4. 项目建设（创业）

　（1）　组织机构建设

　（2）　技术支持建设

　（3）　商业运作建设

　（4）　网络营销建设

　（5）　产学研合作

5. 项目运行与维护

　（1）　运行与维护过程

　（2）　运行与维护效果：市场影响、运行业绩、社会和经济效益

　（3）　其他

6. 分析与评价

（1） 指导老师点评

（2） 专家评析（不需团队撰写）